Max Bolliger

Stummel

Ein Hasenkind wird groß

Gutenachtgeschichten für Kinder und ihre Eltern

mit Bildern von Kathrin Schärer

STUMMEL

STUMMEL IM WINTER

STUMMEL UNTERWEGS

Stummel

Es war Frühling.
Am Waldrand saß eine Hasenmutter mit ihrem Kind.
Es hieß Stummel.
»Das Wetter bleibt gut«, sagte die Mutter zufrieden
und schnupperte gegen den Wind.
Sie stellte sich vor Stummel hin.
»Achte immer auf den Wind«, sagte sie.
»Er trägt dir Geräusche und Gerüche zu.
Heute kommt der Wind von Westen. Spürst du ihn?«
Aber Stummel spürte nichts.
Neugierig verfolgte er einige Ameisen, die mit Tannennadeln
beladen ihrem Bau zustrebten.
»Stummel«, sagte die Mutter, »ob du wohl endlich
zuhören lernst?«
»Ja, ja ...«, brummte Stummel.
In dem Augenblick kam eine uralte Häsin vorbei.
Sie hatte kürzlich ihren elften Geburtstag gefeiert.
»Ist das dein Kind?«, fragte sie.
»Ja, das ist Stummel.«
Die uralte Häsin betrachtete ihn von allen Seiten.
»Was für ein schwaches, kleines Kerlchen!«, sagte sie.
Die Mutter zuckte zusammen.
»Er ist doch erst zwei Wochen alt«, verteidigte sie ihn.
»Ach, was hatte ich für Kinder!«, seufzte die uralte Häsin.
»Eines schöner als das andere!«
Sie warf Stummel einen mitleidigen Blick zu.
»Gib ihm Frühlingsklee!«, sagte sie und verabschiedete sich.
Wie gut, dass Stummel noch nicht zuhören kann,
dachte die Mutter.
Aber Stummel saß da und weinte.

»Warum bin ich ein schwaches, kleines Kerlchen?«, fragte er.

Die Mutter erschrak.

»Stummel«, sagte sie behutsam, »es gibt große und kleine Hasen, helle und dunkle, starke und schwache … und es gibt einen kleinen Hasen, den ich lieb habe, so wie er ist. Er heißt Stummel.«

Stummel schwieg und hoppelte auf die Wiese hinaus.

Die Mutter schaute ihm nach.

Plötzlich hörte sie ihn singen.

»Ich bin Stummel!« Immer wieder.

»Ich bin Stummel. Ich bin Stummel.«

Die Mutter lachte.

»Ja«, sagte sie, »du bist Stummel, mein lieber Stummel.«

Stummel im Wald

Am sichersten fühlte sich Stummel in der Erdmulde
zwischen Farnkraut und hohen Gräsern.
Dort hatte ihn die Mutter bei seiner Geburt hineingesetzt.
Ihr eigenes Bett lag ganz in der Nähe.
Stummel war mit offenen Augen und einem weichen,
zarten Fell zur Welt gekommen.
Jedes Mal, wenn die Mutter nach ihm schaute, durfte er
von ihrer köstlichen Milch trinken.
Aber schon bald mampfte er auch Klee und andere
saftige Kräuter.
Stummel wurde von Tag zu Tag größer und auch neugieriger.
Wenn er aufwachte, sah er die Sonne untergehen.
Dann erschienen am Himmel der Mond und die Sterne.
Sie blinzelten Stummel zu.
Vom Waldrand sah er ins Tal hinunter.
Er entdeckte Äcker und Wiesen und zwischen Obstbäumen
einen Bauernhof.
Hinter seinem Rücken lag der Wald.

Im Wald hausten Stummels Feinde, der Fuchs,
der Marder, der Iltis und die Eule.
Stummel war noch keinem von ihnen begegnet.
Im Wald wohnten auch das Eichhörnchen, der Specht,
das Rotkehlchen und der Eichelhäher.
Aus dem Wald rief der Kuckuck, und aus dem Wald
traten am Abend und am frühen Morgen die Rehe,
um auf der Wiese zu äsen.
Der Wald war voller Geheimnisse.
Jeder Sprung brachte Stummel tiefer in sein Inneres hinein.
Der Boden war mit Moos, dürren Blättern und
Brombeerranken bedeckt.
In den Kronen der Bäume wohnte der Wind.

Hinter den Büschen kauerten Gespenster.
Stummel hörte ein Knacken.
Aber als er flüchten wollte, war er von lauter Baumstämmen umgeben, Wald ohne Anfang und ohne Ende.
Stummel schaute zum Himmel hinauf.
Der Mond und die Sterne waren verschwunden.

Aus der Dunkelheit kam ein seltsames Wesen
auf ihn zu.
Auf dem Kopf trug es zwei Bäumchen ohne Blätter.
Das musste ein Feind sein, den auch die Mutter nicht kannte, zehnmal größer als der Fuchs, der Marder, der Iltis und die Eule.

»Ich bin verloren«, dachte Stummel
und wagte vor Angst kaum zu atmen.

Das riesige Tier schaute ihn mit großen, glänzenden Augen an.
Da spürte Stummel, dass er sich nicht zu fürchten brauchte.
Er lief hinter den beiden Bäumchen her.
Sie führten ihn an den Waldrand zurück.
Bevor Stummel sich bedanken konnte, war das Tier schon wieder zwischen den Bäumen verschwunden.
»Das war ein Hirsch«, sagte die Mutter ehrfürchtig.
»Und die Bäumchen auf seinem Kopf sind sein Geweih.«
Sie war froh, ihren Stummel wiederzuhaben.
Stummel aber dachte lange über sein Abenteuer nach.
»Feinde sind nicht an ihrer Größe zu erkennen«, erklärte er der Waldmaus, als er ihr am andern Morgen davon erzählte.

Stummel und der Osterhase

»Es ist Zeit«, sagte Stummels Mutter.
Stummel setzte sich auf, putzte sich die Nase
und strich sich das Fell glatt.
Es war noch früh.
Stummel suchte den Mond am Himmel.
Der Mond war rund wie eine Kugel.
Bald würde der Tag ihn zum Verschwinden bringen.
Hinter den Bergen ging langsam die Sonne auf.
Es war ein besonderer Tag.
»Heute brauchen wir uns vor den Menschen nicht zu fürchten«,
sagte die Mutter.
Stummel hatte den Bauernhof schon oft vom Waldrand her
betrachtet.
Nun sollte er ihn aus der Nähe kennenlernen.
Er konnte es kaum erwarten.
Er war der Mutter immer ein paar Sprünge voraus.
Im Schutz einer Erdfurche durchquerten sie einen Acker.
Dann liefen sie über eine Wiese voller Obstbäume.
Das Gehöft bestand aus einem Wohnhaus, einer Scheune
und zwei Ställen.
Die Mutter führte Stummel vor ein Stück Erde,
das mit Maschendraht umgeben war.
»Das ist ein Garten«, sagte sie.
In einer Ecke entdeckte Stummel Wintergemüse.
Nun wusste er, woher die Mutter den Kohl holte,
der ihm so gut schmeckte.
Sie schien sich auszukennen.
Neben einem hölzernen Pfosten schlüpfte sie
durch eine enge Öffnung in den Garten hinein.
Stummel folgte ihr.
Sie führte ihn aber nicht zum Kohlbeet,
sondern unter die blühenden Forsythienbüsche.

Dort stand der Hase, von dem sie ihm so viel erzählt hatte.
Er stand mitten in einem Nest aus grünem Moos,
das mit bunten Eiern gefüllt war.
Der Hase trug einen Korb auf dem Rücken.
Er war genauso groß wie Stummel, aber er rührte sich nicht.
Ob er sich vor ihm fürchtete?
Stummel gab ihm einen Stups.
Der Hase rannte nicht davon, sondern fiel kopfüber
aus dem Nest und zerbrach.
Stummel hörte Schritte.
»Duck dich!«, flüsterte die Mutter.

Dicht neben Stummel standen zwei merkwürdige Pfoten.
Es waren Füße, und sie gehörten einem kleinen Mädchen.
»Oh, mein schöner Schokoladenhase!«, sagte es.
Stummel erschrak.
Was hatte er wieder angerichtet!
Er vergaß alle Vorsicht, hüpfte ins Nest zwischen die Eier
und machte Männchen. Nur der Korb fehlte ihm.
»Ein Osterhase! Ein richtiger Osterhase!«, rief das Mädchen.
Stummel rührte sich nicht.
Staunend sah er dem Kind in die Augen.
Erst als es nach ihm fassen wollte, machte er einen Satz
und sprang davon.

Stummel schämt sich

»Das reicht für zwei Tage«, sagte die Mutter.
Voller Stolz betrachtete sie den runden Kohlkopf,
den sie mühsam nach Hause geschleppt hatte.
Stummel schnupperte daran und zeigte seine Zähne.
Das Wasser lief ihm im Mund zusammen.
»Halt!«, sagte die Mutter.
»Zuerst werden die Rüben von gestern aufgegessen.«
Stummel verzog das Gesicht.
»Rüben sind doch dein Leibgericht«, lachte die Mutter.
Aber Stummel hatte seine Meinung geändert.
»Nein«, sagte er, »Kohl ist mir lieber.«
Die Mutter schmunzelte.
Ach, dieser Stummel!
»Bleib hier, bis ich wieder zurückkomme«, sagte sie.
Stummel nickte.
Die Mutter machte einen Krankenbesuch.
Ein Hase, der am andern Ende des Ackers wohnte,
war von einem Marder angegriffen und verletzt worden.
Als sie zwischen den Ackerfurchen verschwunden war,
beschnupperte Stummel den Kohl von neuem.
Nur ein Blatt, dachte er.
Er fing an zu knabbern.
Der Kohl schmeckte köstlich.
Stummel konnte einfach nicht mehr aufhören.
Eines nach dem andern verschwanden die runzligen Blätter
in Stummels Bauch. Nur der harte Wurzelstrunk blieb übrig.
Stummel schaute ihn erschrocken an.
Was würde die Mutter sagen?
Daran wollte er jetzt nicht denken.

Als sie nach Hause kam, war Stummel verschwunden.
Sie sah den abgenagten Strunk, und bald darauf entdeckte sie auch Stummel. Er lag hinter einem Gebüsch und schlief.
Nicht gerade sanft zog sie ihn an den Ohren und weckte ihn.
Stummel schaute in ihr zorniges Gesicht.
Die Mutter erhob ihre kräftige Pfote.
Stummel duckte sich und erwartete die Schläge.
Da ließ die Mutter die Pfote sinken.
»Auch ich war einmal ein Hasenkind«, sagte sie leise.
Sie hüpfte in ihre Erdmulde und ließ Stummel allein.
Er schämte sich.

Stummel denkt nach

Stummel lag im Bett.
Der Kohlkopf war ihm schlecht bekommen.
Die Mutter brachte ihm frische Kamillenblätter.
Sie schmeckten bitter.
Hinter Mutters Rücken spuckte Stummel die Hälfte davon wieder aus.
Die Mutter hatte ein Bündel Klee nach Hause gebracht.
Mmmmh!
Stummel hätte gerne davon probiert.
Doch er musste fasten.
Wenn es um seine Gesundheit ging, verstand die Mutter keinen Spaß.
Nun hatte sie zwei Patienten zu pflegen.
Dem verletzten Hasen ging es jeden Tag schlechter.
Die Mutter machte sich Sorgen um ihn.
»Du darfst mich begleiten«, sagte die Mutter zwei Tage später.
Stummel fühlte sich wieder wohlauf und übermütig.
Unterwegs fanden sie auf einer Waldlichtung eine Wiese voller Löwenzahn.
»Die werden dem Kranken gut tun«, sagte die Mutter.
Aber als sie mit den Löwenzahnblättern beladen zu dem Nest des Hasen kamen, war es leer.
Die Mutter erschrak.
Sie wusste, dass er sich ein Versteck gesucht hatte, um in Ruhe zu sterben.

»Wollen wir ihn suchen?«, fragte Stummel.
»Nein«, sagte die Mutter, »er braucht uns nicht mehr.
Er ist im Hasenhimmel.«
»Wo ist das?«, wollte Stummel wissen.
»Das ist der Ort, an dem alle Hasen in Frieden
mit ihren Feinden zusammenleben.«
»Warst du schon dort?«
»Nein«, sagte die Mutter, »aber ich glaube daran!
Es gibt Dinge, die wir nicht sehen können.
Es gibt sie trotzdem: den Wind, die Wärme, die Freude,
die Trauer …«

Stummels Übermut war verschwunden.
»Müssen alle Hasen sterben?«, fragte er.
»Ja, alle!«, sagte die Mutter.
Stummel spürte, dass sie traurig,
aber nicht unglücklich war.
Auf dem Heimweg lief er stumm neben seiner Mutter her.
Im Wald war es still.
»Ich spüre die Stille, auch wenn ich sie nirgends sehen kann«,
sagte Stummel. »Bin ich jetzt im Himmel?«
»Vielleicht«, antwortete die Mutter.
Stummel war es feierlich zumute.
Aber als er unter einer Tanne ein Büschel Sauerklee entdeckte,
kehrte er schnell wieder auf die Erde zurück.

Stummel lernt einen Feind kennen

»Stummel, bleib in meiner Nähe!«, sagte die Mutter.
Sie war unruhig und schrak bei jedem Geräusch zusammen.
Eine Fuchsfamilie trieb sich im Wald herum.
Der Eichelhäher hatte die Mutter gewarnt.
»Hüte dich vor dem Fuchs!«, sagte sie zu Stummel.
»Er ist einer unserer Feinde.«
Stummel nickte.
Nicht nur der Fuchs, auch der Marder, der Iltis und die Eule gehörten dazu.
Aber Stummel kannte sie alle nur dem Namen nach.
»Ein Feind, was ist das eigentlich?«, fragte er.
»Ein Feind ist jemand, vor dem man sich fürchtet.«
Stummel zweifelte.
Er erinnerte sich an den Hirsch, der ihn aus dem Wald herausgeführt hatte.
Stummel versuchte, sich den Fuchs vorzustellen.
»Kennst du den Fuchs?«, fragte er einen Käfer, der zufällig vorbeilief.
»Natürlich«, sagte der Käfer, »der Fuchs ist riesengroß.«
»Er ist falsch und hinterhältig«, mischte sich die Waldmaus ein.
»Und riecht wie die Pest«, schrie eine Krähe vom Ast eines Baumes herab.
»Und seine Zähne sind scharf wie eine Baumsäge«, fügte die Haselmaus hinzu.
»Ein richtiger Räuber!«, brummte der Käfer.
Was für ein schreckliches Tier musste der Fuchs sein!
Stummel träumte von ihm.

Am folgenden Tag streifte Stummel am Waldrand entlang.
Plötzlich blieb er stehen.
Vor einer Höhle zwischen den mächtigen Wurzeln einer Buche spielte ein Tier, das nur wenig größer war als er selbst.
Es schnappte nach Fliegen, schlug Purzelbäume und nagte an einem großen Knochen.
Stummel lachte.

Er trat aus seinem Versteck hervor.
»Dein rotbraunes Fell möchte ich haben!«, sagte er.
»Und ich deine langen Ohren!«, sagte das Tier.
Sie beschnupperten sich, und dann spielten sie zusammen, bis es Abend wurde.
»Wer bist du?«, fragte Stummel, bevor er sich verabschiedete.
»Ich bin ein junger Fuchs! Und du?«
»Ich bin ein Hase!«
»Dann sollte ich dich auffressen«, sagte der Fuchs.
»Und ich sollte mich vor dir fürchten«, sagte Stummel.

Sie fingen beide an zu lachen und freuten sich, dass sie noch Kinder waren.

Stummel ist verzaubert

Es dämmerte.
Stummel und seine Mutter saßen am Waldrand und erwarteten den Aufgang der Sonne. Alles war grau.
Plötzlich durchbrach ein Bellen die friedliche Stille.
Drei Rehe, die in der Nähe ästen, verschwanden mit riesigen Sätzen zwischen den Baumstämmen.
Die Mutter legte sich flach auf die Erde.
»Ein Hund!«
Ein Hund! Das war etwas Neues für Stummel.
Wieder ein Feind!

»Den haben wir den Füchsen zu verdanken,
die hinter den Hühnern her sind«, sagte die Mutter.
Auch Hühner waren Stummel fremd.
Er richtete sich auf, um den Hund zu sehen.
Sein Bellen kam immer näher.
Aber bevor Stummel ihn erkennen konnte,
gab ihm die Mutter einen Klaps.
»Was fällt dir ein!«, sagte sie zornig.
Widerwillig legte er sich neben die Mutter und
versuchte, sich tot zu stellen.
»Oh, diese Angsthasen!«, hörte Stummel einen Käfer sagen,
der unbekümmert seines Weges ging.
Nach einer Weile entfernte sich das Bellen des Hundes.
Die Mutter löste sich aus ihrer Erstarrung.
Doch Stummel blieb liegen.
Er hatte den Hund nicht gesehen.
Auch die andern Tiere, vor denen ihn die Mutter warnte,
kannte er nicht.
Nur den kleinen Fuchs, mit dem er gespielt hatte.
Stummel war unglücklich.
Er hatte genug davon, ein Hase zu sein,
sich dauernd zu fürchten und davonzulaufen.

Alle andern hatten es besser, die Amsel,
das Eichhörnchen, die Maus, der Igel, die Schnecke …
»Was fehlt dir?«, fragte die Mutter.
»Ich möchte nicht mehr Stummel sein.«
Er beneidete die Amsel um ihre Flügel, das Eichhörnchen
um seinen Schwanz, die Maus um ihr Mauseloch,
den Igel um seine Stacheln, die Schnecke um ihr Haus …
Oder wäre er lieber ein Fuchs?
In diesem Augenblick ging die Sonne auf.
Sie spiegelte sich in Tausenden und Abertausenden
von Tautropfen und verwandelte die Wiese in einen
silbernen Teppich.
Ihre Strahlen liebkosten Stummels weiches Fell.
Er spürte die Wärme durch den ganzen Körper dringen.
»Und was möchtest du denn sein?«, fragte die Mutter.
»Ich bleibe Stummel«, antwortete er und fühlte sich
wie verzaubert.

Stummel läuft um die Wette

Es war später Nachmittag.
Die Mutter schlief noch.
Stummel war meistens vor ihr wach.
Er saß neben einem Haufen aus dürrem Laub
und langweilte sich.
Aber plötzlich fing sich der Haufen an zu bewegen.
Unter dem Laub erschien eine spitzige Schnauze,
dann der Kopf mit den Knopfaugen und den kleinen Ohren.
Dem Kopf folgte der Rücken voller Stacheln.
»Guten Abend, Igel!«, sagte Stummel.
»Guten Abend, Stummel!«
Sie kannten sich schon lange, aber sie waren einander
immer aus dem Weg gegangen.
Stummels Mutter schien für den Igel nicht viel übrig zu haben.
»Wie geht es dir?«, fragte Stummel.
»Nicht schlecht!«, brummte der Igel.
Er watschelte davon und legte sich in die Sonne.
Stummel musste lachen.
»Willst du mit mir um die Wette laufen?«, fragte er.
Der Igel musterte ihn.
»Wenn es unbedingt sein muss, ja«, sagte er.
Sie bestimmten als Ziel die Eiche am Waldrand.
»Du wirst mich sicher besiegen«, sagte Stummel.
Der Igel überhörte den Spott in seiner Stimme.
»Bist du bereit, Stummel?«, fragte er.
Stummel zählte auf drei.
Dann liefen sie los.
Nach einer Weile schaute Stummel zurück.
Von einem Igel war weit und breit noch nichts zu sehen.
Er erinnerte sich an die Waldwiese voller Löwenzahn.
Sie lag ganz in der Nähe. Bis der Igel ihn eingeholt hatte,
könnte er sich an einigen saftigen Blättern gütlich tun.

Sie schmeckten Stummel so gut,
dass er von einem Stock zum andern hüpfte
und die Zeit vergaß.
Erst als die Sonne untergegangen war,
kam ihm die Wette wieder in den Sinn.
Der Igel erwartete ihn.
Er war längst am Ziel angekommen.
»Stummel!«, sagte er bedächtig. »Ich habe gewonnen.«
»Ja«, sagte Stummel kleinlaut, »ich muss nach Hause.«
»Ich auch!«, lachte der Igel.
»Siehst du, es kommt nicht nur auf die Länge der Beine an«,
sagte er.
Aber er sagte es ohne Schadenfreude.

Der Igel gefiel Stummel.
»Können wir uns morgen wieder treffen?«, fragte er.
»Gern!«, sagte der Igel. »Ich warte auf dich!
Hier unter der Eiche!«
»Wo warst du?«, fragte die Mutter,
als Stummel nach Hause kam.
»Ach, nirgends…«, gab er zur Antwort.
Er dachte daran, dass er eine Wette verloren
und dafür einen Freund gewonnen hatte.

»Ich habe einen Freund«, sagte Stummel.
Die Mutter war neugierig.
»Wer ist es?«, fragte sie.
»Rate!«, sagte Stummel.
»Ein Hasenkind wie du?«
»Nein!«
»Unser Nachbar, die Haselmaus?«
»Nein. Er hat etwas Besonderes auf dem Rücken.«
»Das Rotkehlchen?«
Stummel lachte.
»Nein, keine Flügel!
Stacheln!«

Die Mutter schlug die Pfoten über dem Kopf zusammen.
»Der alte Igel!«, rief sie entsetzt.
»Weißt du, dass er Mäuse und Schnecken vertilgt?«
Stummel schwieg.
Warum sollte er deswegen nicht mit dem Igel befreundet sein?
»Nicht einmal neugeborene Hasen sind vor ihm sicher!«, ereiferte sich die Mutter.
»Ich mag ihn trotzdem«, sagte Stummel.
Die Mutter machte die Ohren steif.
Das bedeutete nichts Gutes.
»Wer hat dich großgezogen? Wer hat mit dir Fangen und Verstecken gespielt? Und nun ... ein Igel ...!«, sagte sie empört.
»Ein richtiger Hase hat mit einem Igel nichts zu tun!«
Stummel senkte den Kopf.
Er hätte der Mutter gerne von der Wette erzählt, aber sie ließ ihm keine Zeit.
Sie drehte sich um und sprang mit großen Sätzen davon.
Stummel war ratlos.
Ein richtiger Hase hat mit einem Igel nichts zu tun, dachte er.
Sollte er ihm in Zukunft wieder aus dem Weg gehen?
Die Mutter würde sich darüber freuen.
Und der Igel?
Vielleicht wäre er traurig und enttäuscht.
Stummel musste sich entscheiden.
Was aß er lieber, Rüben oder Kohl?
Was gefiel ihm besser, der Tag oder die Nacht?
Die Sonne oder der Mond?
Das war einfach.
Stummel sah zum Waldrand hinüber, sah den Haufen aus dürrem Laub. Dort verschlief der Igel den Tag.
Stummel hatte versprochen, unter der Eiche auf ihn zu warten.

Sie würden heute nicht mehr um die Wette laufen.
Sie könnten zusammen den Wald erforschen,
vor dem sich Stummel immer noch ein wenig fürchtete.
Vielleicht würden sie dem Hirsch begegnen …
Und da wusste Stummel, was er tun musste.
Er würde sein Versprechen halten.

Stummel zieht aus

Stummel war nun so groß wie seine Mutter,
ein schöner junger Hase.
Sogar die uralte Häsin, die einst das kleine, schwache
Kerlchen bedauert hatte, betrachtete ihn mit Wohlgefallen,
wenn sie ihm begegnete.
Die Mutter hatte ihn alles gelehrt, was er im Leben brauchte.
Trotzdem spürte Stummel, dass es Dinge gab,
die er selber herausfinden musste, weil es die alten Hasen
den jungen verschwiegen.
Seit ein stattlicher Hasenmann der Mutter den Hof machte,
hatte sie sich verändert.
»Es ist Zeit, dass du dir eine eigene Behausung suchst«,
sagte sie eines Tages.
Sollte er das schöne Lager, in dem er geboren war
und das so nahe bei dem seiner Mutter lag, verlassen?
Sicher brauchte sie Platz für den Hasenmann.
Stummel war beleidigt.
Ohne sich von der Mutter zu verabschieden, zog er aus.

Am Ende des Ackers, am Waldrand, fand er eine Bodenvertiefung. Sie würde ihn vor den Feinden, vor dem Wind und vor der Sommerhitze schützen.
Er scharrte sie aus, so gut er konnte.

Dann füllte er sie mit feinen Wollhaaren,
die er aus seinem Fell zupfte.
»Was für eine schöne Wohnung!«, sagte der Igel,
als er ein paar Tage später vorbeikam.
»Groß genug für zwei!«, sagte Stummel.
Der Igel lachte. »Denk an meine Stacheln!
Lass uns lieber die Freuden und Leiden teilen
statt die Wohnung.«

Stummel schwieg.
Er fühlte sich einsam.
»Du hast Heimweh!«, sagte der Igel.
»Ein Besuch bei deiner Mutter
würde dir gut tun.«
»Nein«, sagte Stummel.
Er dachte an den Hasenmann ...
»Nein«, sagte er noch einmal.
Der Igel trollte sich davon.
Stummel fand keine Ruhe mehr.
Ob der Hasenmann es sich jetzt
in seinem alten Bett gemütlich machte?
Er wollte Gewissheit haben.
Aber als er zu der Wohnung
seiner Mutter kam,
war weit und breit
kein Hasenmann zu sehen.
Stummel riss die Augen auf.

In seinem Nest saßen zwei winzige Häschen,
kaum drei Tage alt.
Neugierig schauten sie in die Welt hinaus.

Sie waren eben dabei, zu lernen, die Ohren aufzustellen.
Danach spielte die Mutter mit ihnen Fangen.
Genau so hatte sie auch mit ihm gespielt.
»Darf ich mitspielen?«, fragte Stummel.
»Natürlich darfst du!«, sagte die Mutter.
Auf dem Heimweg suchte Stummel nach seinem Freund.
Der Igel würde staunen, wenn er ihm erzählte, dass er ein Brüderchen und ein Schwesterchen bekommen hatte und dass er einem jener Dinge auf die Spur gekommen war, die alte Hasen den jungen verschwiegen.

Stummel in Gefahr

Das Gras war reif zum Mähen.
Stummel musste Männchen machen,
wenn er Ausschau halten wollte.
Es war Nacht.
Zwischen den Wiesen und Äckern lag dunkel der Bauernhof.
Er erinnerte Stummel an das kleine Mädchen und den Hasen
aus Schokolade, den er zerbrochen hatte.
Er lachte vor sich hin.
Das war lange her.
Ob das Kind ihn wiedererkennen würde?
Mit großen Sprüngen machte sich Stummel auf den Weg.
Von Zeit zu Zeit blieb er stehen und sprach sich Mut zu.
Wenn nur der Hund nicht gewesen wäre!
Nachts lag er meistens an einer Kette.
Heute schien er zu schlafen.
Der Garten vor dem Haus hatte sich verändert.
Er war in Beete eingeteilt. Stummel entdeckte Salatköpfe,
Erdbeeren und Kohlrabi.
Die würden sogar meinem Freund, dem Igel, schmecken,
dachte er. Wo trieb der sich wohl herum? War er auf der Jagd
nach Schnecken, Regenwürmern und Käfern?
In diesem Augenblick fuhr Stummel zusammen.
Der Hund!
Stummel hörte seinen hechelnden Atem und erstarrte.

Er presste sich mit zurückgelegten Ohren auf die Erde.
Sein Fell war von der Farbe der braunen Erdkrumen
kaum noch zu unterscheiden.
Doch der Hund ging nicht vorbei.
Plötzlich stand er vor ihm, ein riesiger, schwarzbrauner
Schäferhund.
Wieder einmal blieb Stummel nichts anderes übrig
als die Flucht.

Er griff mit seinen langen Hinterbeinen nach vorn,
stieß sich in die Luft und flog davon.
So schnell war Stummel noch nie gelaufen.
Zum Glück ging es bergab.
Doch der Hund blieb ihm auf den Fersen.
Stummel überlegte.
Er musste ihn täuschen.
Er änderte seine Richtung, schlug Haken
und lief im Kreis herum.
Als er einen Augenblick stehen blieb, um zu verschnaufen,
ertönte ein wütendes Bellen.
Stummel drehte sich um.

Der Hund stand still.
Vor ihm lag eine stachelige Kugel.
Sie war lebendig.
Der Hund versuchte sie zu drehen.
Dabei stach er sich die Nase blutig.

Nach einer Weile gab er auf und kehrte
mit eingezogenem Schwanz nach Hause zurück.
Stummel lief dem Igel entgegen.
»Danke!«
»Nichts zu danken! Ein Freund hilft dem andern,
wenn der in Not ist.«
Als sie zusammen unter der Eiche saßen
und den neuen Tag erwarteten,
kam zufällig Stummels Mutter vorbei.
Sie hatte alles mit angesehen.
Nun wünschte sie nicht nur Stummel, sondern auch
dem Igel freundlich einen guten Morgen.

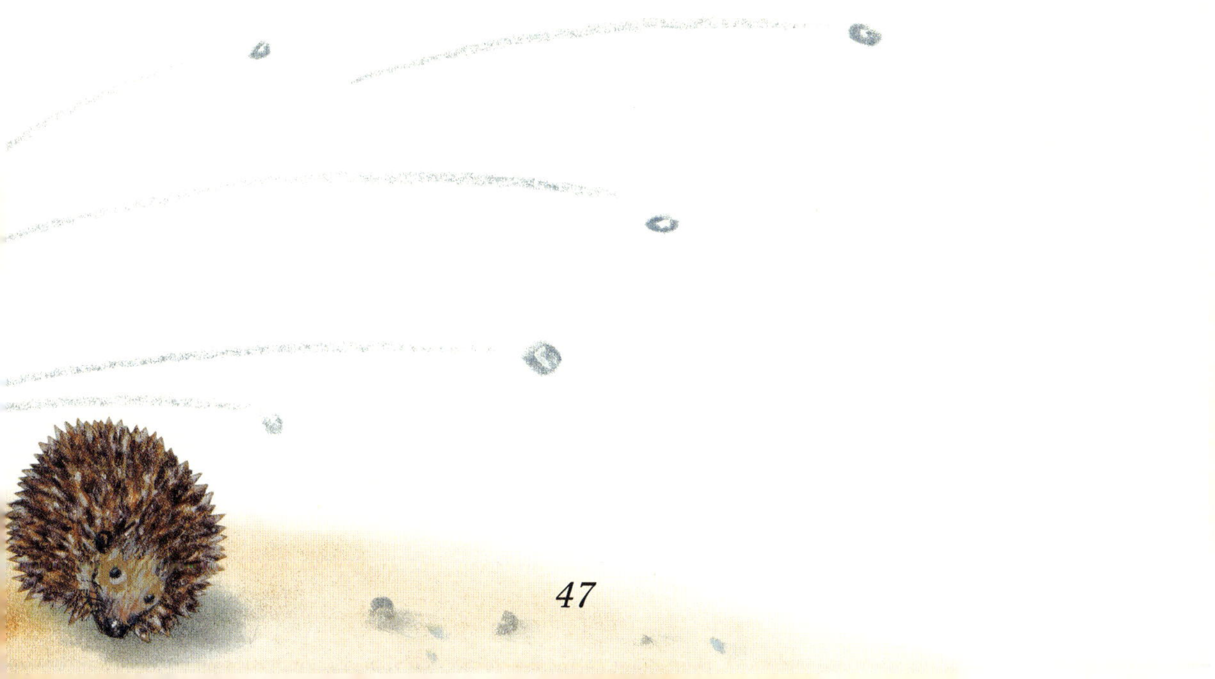

Stummel und die Grenze

In der Ferne, am Rand des Himmels, sah Stummel die Berge.
Sie waren mit Schnee bedeckt.
Hinter ihren Gipfeln ging jeden Tag die Sonne auf.
»Auch wenn es regnet!«, sagte der Igel, der neben ihm saß.
Lange bevor die glühende Scheibe am Himmel erschien,
überzog sie die Bergspitzen mit einem Hauch von Rosa.
Der Schnee fing an zu leuchten.
»Was ist das, Schnee?«, fragte Stummel seinen Freund.
»Er fällt in Flocken vom Himmel. Im Winter wirst du ihn
kennenlernen! Und ich werde schlafen.«
Das dauerte noch lange. Es war Sommer.
Nach dem Sommer kam der Herbst und nach dem Herbst
der Winter. Auf den Winter folgte ein neuer Frühling.
Der Anblick der Schneeberge machte Stummel glücklich
und traurig.
Wie konnte man glücklich und zugleich traurig sein?
Stummel war verwirrt.
»Das ist die Sehnsucht«, sagte der Igel.
Sehnsucht.
Das Wort gefiel Stummel.
»Ob es auf den Bergen auch Igel und Hasen gibt?«,
fragte er.
Der Igel wusste es nicht.
»Lass es uns herausfinden!«
Der Igel stellte seine Stacheln auf.
Stummel wusste, warum.
Er sah vor sich den Acker, etwas weiter weg die Wiesen
und den Baumgarten, die Dächer des Bauernhofes,
das Dorf mit dem Kirchturm. Aber er sah auch das breite
graue Band, das die Welt in zwei Teile trennte.

Der Igel und auch die andern Tiere nannten es die Grenze.
»Nie«, sagte er, »nie werde ich diese Grenze überschreiten.«
Stummel wusste von einigen, die es versucht hatten,
Igel, Frösche, Rehe und auch sein Vater …
Keiner war zurückgekommen.
»Von allen Gefahren, die uns bedrohen, ist sie die größte«,
sagte der Igel.
Dieses Gespräch ließ Stummel keine Ruhe mehr.
Er stand am Rande der Grenze.
Wie viele Sprünge würde es brauchen, um auf die andere
Seite zu kommen?

In dem Augenblick brauste ein Ungeheuer an ihm vorbei.
Es machte Lärm und verbreitete einen unangenehmen Geruch.
Doch am meisten erschreckten Stummel seine glühenden Augen. Er spürte, wie sie ihn zu lähmen versuchten.
Er drehte sich um und rannte, ohne anzuhalten, an den Waldrand zurück.
Warum hatte sein Vater versucht, die Grenze zu überschreiten?
Wollte auch er die Berge aus der Nähe sehen?
Das Wort »Sehnsucht« fiel ihm wieder ein.
Und da wusste Stummel, dass er trotz seiner Angst und den Warnungen des Igels eines Tages probieren würde, über die Grenze zu gelangen.

Ich lasse mich durch den Hund nicht einschüchtern,
dachte Stummel.
Der Bauernhof lockte ihn.
Dort wohnten nicht nur das kleine Mädchen,
sondern auch noch andere Menschen.
Stummel hätte sie gern kennengelernt.
Die Dämmerung war bereits hereingebrochen.
Am Himmel stand der Abendstern.
Stummel schlich sich vorsichtig an das Haus heran.
Was mussten die Menschen für Riesen sein!
Aber plötzlich sah er sich keinem Menschen,
sondern einem andern Hasen gegenüber.
Stummel war enttäuscht.
»Ich wollte einen Menschen sehen, und nun begegne ich
einem Hasen«, sagte er.
»Ich bin kein Hase, ich bin ein Kaninchen«,
sagte der andere beleidigt.
Stummel betrachtete ihn.
»Wohnst du hier?«, fragte er.
»Natürlich wohne ich hier!«, antwortete das Kaninchen
und zeigte auf den großen Hof.
»Ein Riesenhaus!«, staunte Stummel.
Nun fing der Hund an zu bellen. Stummel zuckte zusammen.
Das Kaninchen schien keine Angst zu haben.
»Er liegt an der Kette«, sagte es und legte sich träge ins Gras.
»Übrigens habe ich einen Diener.«
»Was ist das, ein Diener?«, fragte Stummel.
»Ein Diener räumt auf, macht sauber und serviert dir
pünktlich das Essen, Löwenzahn, Klee, Apfelstücke, Rüben
und auch frisches Wasser.«

Stummel war einen Augenblick sprachlos.
»Wäre ich doch an deiner Stelle«, seufzte er.
In diesem Augenblick hörte er ein Geräusch
und sah einen Riesen auf sich zukommen.
Das musste ein Mensch sein.
Bevor Stummel sich von dem Schreck erholt hatte,
bückte sich der Riese, packte das Kaninchen an
den Ohren und trug es davon.
Zum Glück hatte er Stummel nicht bemerkt.
Als es wieder still geworden war,
hoppelte Stummel ums Haus herum.
In einer dunklen Ecke unter dem Vordach fand er
das Kaninchen wieder.
Es lag in einer engen Kiste.
Vor sich hatte es einen Berg von Löwenzahnblättern,
Klee, Apfelstücken, Rüben und auch frisches Wasser.
Es hatte also nicht gelogen.
»Erzähl weiter!«, bat Stummel.
Doch das Kaninchen rührte sich nicht.
Erst jetzt entdeckte Stummel das Gitter,
das sie voneinander trennte.
Das Kaninchen war gefangen.
»Ade!«, sagte Stummel leise.
Er lief dem Wald zu.
Es war dunkel geworden.
Der Abendstern hatte Gesellschaft bekommen.
Unterwegs musste sich Stummel sein Essen selber suchen.

Wie froh war er, dass er keinen Diener hatte.

Stummel und die weißen Hasen

Niemand wusste, woher sie kamen.
Plötzlich waren sie da.
Stummel sah sie in der Dämmerung durch das Farnkraut
huschen oder über die Wiese hoppeln.
Es waren mehr als ein Dutzend.
»Das sind keine richtigen Hasen«, piepste eine Maus.
Sie war stolz, in einer Versammlung von Hasen, Rehen
und Eichhörnchen mitreden zu dürfen.
»Sie haben größere Füße und ein dichteres Fell
als ein gewöhnlicher Hase«, behauptete eines der Rehe.
»Sicher essen sie auch Nüsse«,
meinte das Eichhörnchen besorgt.
»Vor allem sind sie weiß und nicht braun«,
sagte ein alter Hase. »Oder ist jemand hier,
der schon mal einen weißen Hasen gesehen hat?«
Alle schüttelten den Kopf.
»Sie haben bei uns nichts zu suchen!«
»Freche Eindringlinge!«
Nun mischte sich ein Vogel ein. Es war eine Schwalbe,
die den Winter im Süden verbracht hatte.
Sie versuchte, die aufgeregten Tiere zu beruhigen.
»Sie kommen von weit her«, sagte sie,
»sie sind von Jägern verfolgt worden.«
»Das geht uns nichts an!«
»Sie werden sich vermehren.«
»Und uns die Nahrung wegnehmen!«
Alle redeten durcheinander.
»Ruhe!«, rief endlich der alte Hase.
»Sollen wir die Fremdlinge dulden oder vertreiben?«
»Vertreiben! Vertreiben!«
»Aber wie?«
»Wir müssen einen großen Bogen um sie machen«,
fuhr der alte Hase fort.
»Niemand darf mit ihnen sprechen!«

»Dann werden sie bald weiterziehen«, meinte das Reh.
Die Maus kicherte.
»Oder die Eule wird sie vorher fressen«, sagte sie.
Alle lachten.
Nur Stummel schwieg.
Nachdenklich machte er sich auf den Heimweg.
Am Himmel standen schwarze Wolken.
Die Luft war drückend. Es würde ein Gewitter geben.
Als es anfing, zu donnern und zu blitzen, beeilte er sich, nach Hause zu kommen.
Er liebte es, in seinem Versteck zu liegen und dem Rauschen des Regens zuzuhören.

Aber als er in sein Nest hüpfen wollte, war es besetzt.

Dicht an die Erde gepresst lag ein kleiner, weißer Hase.
Er zitterte am ganzen Körper.
Seine Augen baten um Schutz und Zuflucht.
Lass mich hierbleiben!
Stummel dachte an den Befehl des alten Hasen.
Wie könnte er um dieses hilflose Wesen einen Bogen machen
oder nicht mit ihm sprechen!
Nein, er würde sich für ihn wehren.
»Du«, sagte er leise, »du kannst hierbleiben,
solange du mich brauchst. Meine Wohnung ist groß genug.
Wir wollen sie teilen.«

»Ich bin schon ein halbes Jahr alt«, sagte Stummel.
»Und du?«
Der Schneehase lachte.
Er hieß Stoppel.
»Ich bin ein Jahr älter als du.«
Sie lagen dicht aneinandergekuschelt in Stummels Nest in einem Acker am Waldrand.
Nicht nur die Farbe ihres Felles war verschieden.
Stoppel aß Moos und Flechten und knabberte an Rindenstücken herum.
Stummel schüttelte sich.
Puuuh!
Wie konnte Stoppel solche Dinge essen!

Stummels Lieblingsspeisen waren Kohl, Rüben und Klee. Stummel war ein wenig größer als Stoppel. Dafür besaß Stoppel kräftigere Läufe.

»Schau dir meine Pfoten an!«, sagte er und spreizte seine Zehen. Nun sahen sie aus wie kleine Fächer.

»Bald werde ich um diese Pfoten froh sein. Sie eignen sich gut, um über den Schnee zu laufen.«

Schnee!
Was war das?
»Er ist weiß wie mein Fell«, sagte Stoppel.
Stummel sah ihn auf den Bergen liegen.
Die Berge waren Stoppels Heimat.
Er erzählte Stummel von hohen Felswänden,
Geröllhalden, von Murmeltieren, Steinböcken,
Gämsen, Adlern und seltenen Blumen.
Es war eine neue Welt für Stummel.
»Ach, könnte ich dir alles zeigen!«, sagte Stoppel.
Stoppel war zusammen mit andern weißen Hasen
von Jägern verfolgt und aus seiner Heimat vertrieben worden.
Stummel hatte den Flüchtling bei sich aufgenommen.
Sie waren Freunde geworden.
Viele braune Hasen gingen den Fremdlingen aus dem Weg.
»Wie kannst du mit Stoppel zusammenleben«,
sagten sie zu Stummel.
»Ein weißer Hase ist gar kein richtiger Hase!«
Stummel wehrte sich.
Kam es auf die Farbe des Felles an?
Am Abend begegnete er dem alten Igel.
»Woran ist eigentlich ein richtiger Hase zu erkennen?«,
fragte er ihn.
»Meinst du Stoppel?«
Stummel nickte.
»Hast du ihn lieb?«
Stummel mochte auch den Igel, die Rehe, die Waldmäuse,
die Schwalben … aber anders.
Er lachte verlegen.
Er wusste, dass die Frage des Igels eine Antwort war.

Stoppel hat Heimweh

Was war nur mit den Schwalben los?
Schon am frühen Morgen sammelten sie sich
auf den langen Drähten, die sich von Stange zu Stange
über die Wiesen spannten.
Ein Vogel setzte sich neben den andern.
Stummel versuchte, sie zu zählen.
Eins, zwei, drei, vier, fünf, sechs, sieben …
Ein Traktor schreckte die Vögel auf.
Sie erhoben sich in die Luft, zogen ein paar Kreise
und ließen sich von neuem auf den Drähten nieder.
Auf einer abgemähten Wiese entdeckte Stummel
eine große Schar von Staren.
»Bald werden sie uns verlassen«, sagte Stoppel.
»Warum?«, fragte Stummel.
»Sie spüren den Winter«, antwortete Stoppel.
»Sie ziehen über die Berge in wärmere Länder.
Der Kuckuck ist bereits fort.«
»Bleiben sie für immer?«, wollte Stummel wissen.
»Nein! Im Frühling kommen sie wieder.«
Der Igel kam dahergewatschelt.
»Auch ich werde mich bald verabschieden«, sagte er.
Wollte er mit seinen kurzen Beinen über die Berge
in den Süden marschieren?
Stummel lachte.
»Ich wünsche dir eine gute Reise!«
Der Igel knurrte.
Wenn es um seinen Winterschlaf ging,
verstand er keinen Spaß.
Er trollte sich davon.
»Ach, hätte ich Flügel!«, sagte Stoppel leise.
Stummel versuchte, sich Stoppel mit Flügeln vorzustellen.

Stoppel am Himmel!
Stoppel auf dem Wipfel einer Tanne!
Wieder musste Stummel laut lachen.
»Vogelhase!«
»Hasenvogel!«
Aber Stoppel blieb still und in sich gekehrt.
Plötzlich ahnte Stummel, was Stoppel fehlte.
Die Vögel erinnerten ihn an die Berge.
Er wünschte sich Flügel.
Er hatte Heimweh.
Stummel versuchte, ihn zu trösten.
Es fielen ihm nur Stoppels eigene Worte ein.
»Im Frühling kommen sie wieder«, sagte er.

Stummel macht sich Sorgen

Stummel träumte mit offenen Augen in die Welt hinaus.
Die Berge waren so nah, als seien sie ihm entgegengekommen.
Der Anblick machte ihn glücklich und traurig zugleich.
Die Sonne hatte den Nebel aufgelöst.
Ihr Licht war anders als im Sommer.
Golden lag es auf den Wiesen, den Äckern und den Dächern des Bauernhofes.
Auch der Igel, der sich neben ihm ausgestreckt hatte, genoss die Wärme.
Er war rund und dick geworden.
»Hast du noch nicht genug?«, fragte Stummel.
»Der Winter ist hart und dauert lang«, sagte der Igel.
Für Stummel war es schwer, sich Schnee und Kälte vorzustellen.
Er machte sich keine Sorgen.
Er merkte nur, wie die Welt sich langsam veränderte.

Die Tage wurden kürzer und die Nächte länger.
Vor allem wunderte er sich über die Laubbäume.
Die Blätter verfärbten sich, lösten sich von den Zweigen und schwebten zur Erde nieder.
Nur die Blätter des Ahorns hatten einen Teil ihres Saftes behalten und leuchteten in allen Farben, grün, gelb, braun und rot.
Stummel hatte noch nie über Bäume nachgedacht.
Auch sie waren lebendig.
»Warum müssen die Blätter sterben?«, fragte er den Igel.
»Damit der Baum überleben und im Frühling neue Blätter treiben kann. Dafür braucht er den Saft der alten Blätter. Er sammelt ihn als Vorrat in den Wurzeln.«
Am Fuße der Eiche hatte der Wind einen großen Haufen dürres Laub zusammengefegt.
»Ein guter Platz«, sagte der Igel.
»Sobald das Wetter umschlägt, werde ich mich darin verkriechen.«
Er verabschiedete sich.
»Auf Wiedersehen im nächsten Frühjahr!«
»Auf Wiedersehen«, sagte auch Stummel kleinlaut.
Er war verwirrt.

Seine Freude an dem schönen Tag war dahin.
Nicht nur der Igel, auch das Eichhörnchen, die Waldmaus und sogar die Bäume bereiteten sich auf den Winter vor.
Die Vögel waren weggezogen und kamen erst im Frühling wieder.
Und was machten die Hasen?
Nichts!
Einfach nichts!
Stoppel schien sich trotzdem auf den Winter zu freuen.
Aufgeregt kehrte Stummel in ihr gemeinsames Nest zurück.
»Guten Abend!«, sagte Stoppel.
»Wovon werden wir im Winter leben?«, fragte Stummel.
Stoppel musste sich auf eine Antwort besinnen.
»Von den Erinnerungen«, sagte er endlich.
»Zum Beispiel an einen Garten voller Gemüse.«
»Oder an eine Wiese voller Löwenzahn«, sagte Stummel.
»An eine warme Sommernacht!«
»An einen blühenden Kirschbaum!«
»An die Tautropfen im Gras!«
»An ein Gewitter!«
Stummel und Stoppel wurden nicht müde aufzuzählen, was ihnen einfiel, und darüber schliefen sie ein.

Das Reh

Es war Nacht.
Stummel lag im dichten Untergehölz einer Fichtenpflanzung.
Zwischen den dünnen Stämmen schaute er auf die Waldwiese hinaus.
Der Sturm jagte den Regen vor sich her.
Er brach dürre Äste ab und riss Stämme mit den Wurzeln aus.
Nichts war vor seiner Zerstörungswut sicher.
Stummel fürchtete ihn nicht.
Ein wohliger Schauer lief über seinen Rücken.
In seinem Versteck fühlte er sich geborgen.

Plötzlich hörte er durch das Heulen des Sturms einen Schrei.
Es war das Klagen eines Rehs.
Es versuchte, über die Wiese den Wald zu erreichen.
Von allen Tieren gefielen Stummel die Rehe am besten.
Sie waren scheu und taten niemandem etwas zuleide.
Ihre Nähe erfüllte Stummel jedes Mal mit Staunen.
Er setzte sich auf.
»Komm!«, rief er, so laut er konnte.
»Hier ist auch Platz für dich!«
Der Sturm verwehte seine Stimme.
Das Reh schien ihn weder zu hören noch zu sehen.
Es blieb immer wieder stehen und zitterte am ganzen Körper.
War es krank? Einige Sprünge von Stummels Versteck entfernt
brach es zusammen.
Es braucht Hilfe, dachte Stummel.
Doch im gleichen Augenblick entdeckte er den Fuchs.
Er kam auf den Spuren des Rehs über die Wiese gelaufen.
Er war seiner Beute sicher und ließ sich Zeit.
Als er sein Opfer umkreiste, hörte es auf zu klagen.
Hilflos lag es da.
Mit einem Satz schnellte der Fuchs auf das erschöpfte Wesen zu
und schlug ihm seine Fänge in die Kehle.
Die Erde verfärbte sich.
Es war Blut.
Über den Bäumen erschienen ein Bussard und
ein paar Krähen. Der Sturm hatte nachgelassen.
Stummel erwachte aus seiner Erstarrung und
machte sich mit riesigen Sätzen davon.
Das Bild des sterbenden Rehs verfolgte ihn.
Noch konnte er nicht begreifen, was eben geschehen war.

Stummel fühlt sich stark

Stummel spähte durch die Zweige eines Haselbusches zum Waldweg hinüber.
Ein dunkelgrün gekleideter Mensch führte einen Hund an der Leine.
Es war nicht der gleiche wie der, der den Bauernhof bewachte und vor dem der Igel ihn im Sommer gerettet hatte.
Er war kleiner, nicht viel größer als Stummel. Seine langen Hängeohren streiften beinahe den Boden. Mit seinen kurzen Beinen sah er ganz und gar nicht gefährlich aus.
Schon seit Tagen trieb sich der Grüngekleidete mit dem Hund im Wald herum. Sie stöberten die Tiere in ihren Verstecken auf, und viele der Verfolgten kamen nie mehr zurück.
Ein schöner Hase, der in Stummels und Stoppels Nähe gewohnt hatte, war verschwunden.
»Totgeschossen«, sagte Stoppel.
Der Riese trug einen seltsamen Stock am Rücken.
Hin und wieder hob er ihn an seine Schulter, legte die Wange an das dicke Ende und zielte.
Darauf ertönte ein lauter Knall.
»Es sind Gewehre«, sagte Stoppel.
Er zitterte am ganzen Körper.
Drohte den braunen Hasen das gleiche Schicksal wie den weißen?
Auch Stummel spürte, dass Jäger und Hunde eine besondere Gefahr bedeuteten. Doch er vertraute seiner feinen Witterung und dem, was seine Mutter ihn einst gelehrt hatte.
Als der Jäger näher kam, duckte er sich auf die Erde und erstarrte.
Stoppel ergriff die Flucht.
Sofort fing der Hund an, zu bellen und zu kläffen und an der Leine zu zerren.
Der Riese vermochte ihn kaum zu halten.
Als er ihn losließ, raste er davon.

Der Vorsprung Stoppels würde nicht genügen,
seine Spuren zu verwischen und wieder ein Versteck zu finden.
Stummel hatte Angst.
Es war nicht die gleiche Angst, die ihn zur Flucht trieb.
Er empfand sie heute zum ersten Mal.
Es war die Angst um Stoppel, um jemanden, den er liebhatte.
Sie gab ihm Mut, und er fühlte sich stark wie noch nie.
Stummel rannte los.
Er musste den Hund auf eine falsche Fährte locken.
Als er ihn eingeholt hatte, liefen sie eine Zeit lang
nebeneinander her.
Der Hund beachtete ihn nicht.
Erst als Stummel ihm über den Weg lief,
blieb er verdutzt stehen.
Ein brauner Hase!
War es nicht eben noch ein weißer?
Er änderte seine Richtung.
Nun war er nicht mehr auf Stoppels,
sondern auf Stummels Spur.
Stoppel drehte sich um.
Und was sah er!
Stummel, der kreuz und quer durch den Wald lief
und den kläffenden Hund zum Narren hielt!
Stoppel zog eine Schleife.
Nun war es an ihm, den Verfolger zu täuschen.
Stoppel flog an seiner Nase vorbei.
Der Hund war so verwirrt, dass er sich zweimal
um sich selber drehte.
Jagte er einen braunen oder einen weißen Hasen?
Er schnupperte auf der Erde herum.
Die Spuren gingen plötzlich in alle Richtungen.

Es waren zu viele, er musste die Jagd aufgeben.
Stummel und Stoppel kehrten, jeder auf seinem eigenen Weg, in ihr Nest zurück.
Sie waren müde, aber froh.
»Du hast mich gerettet«, sagte Stoppel.
»Hast du den verdutzten Hund gesehen?«, fragte Stummel und lachte.

Bald darauf hörten sie einen Gewehrschuss.
Der Ton kam von weit her.
Sie brauchten sich nicht mehr zu fürchten.
Am Abend hoppelten sie zum Wald hinaus.
Die Stille war zurückgekehrt.
Trotzdem waren sie vorsichtiger als sonst.

Sie sahen den Jäger über die leeren Felder
zum Dorf hinunterlaufen.
Der Hund trottete gehorsam neben ihm her.
Ein totes Tier baumelte am Rücken des Jägers.
»Ein Fuchs!«, sagte Stummel.
Er konnte es kaum glauben.
Wie die Hasen war auch der Fuchs von dem Jäger
und seinem Hund gejagt worden!
Auch er hatte Feinde und musste vor ihnen flüchten.
Der Fuchs!
Stummel versuchte, ihn zu verstehen.
Es gab den Igel, die Maus, den Bussard, die Schwalbe,
das Eichhörnchen, das Reh, die Ameise, den Hirsch,
den Käfer …
Alle waren verschieden, aber sie brauchten einander.
Sie waren eine große Familie.
Nur Hasen? Wie langweilig wäre das!
Der Fuchs war sein Feind,
aber er gehörte in den Wald wie die andern Tiere.
Und die Hunde?
Und die Jäger?
Ob auch sie Freunde und Feinde hatten?
Und Angst?
Ob auch sie Verstecke suchten,
in denen sie sich geborgen fühlten?
Es waren Fragen,
auf die sogar Stoppel keine Antwort wusste.

Der erste Schnee

In der Nacht bedeckte sich der Himmel mit schweren Wolken.
Am Morgen fing es an zu schneien.
Die Flocken fielen auf Stummels Nase, kitzelten ihn an den Ohren und setzten sich in sein Fell.
Es waren winzige Sterne.
Die Wärme seines Körpers ließ sie sogleich wieder schmelzen.
Aber auf den Feldern, Wiesen und Bäumen blieben sie liegen.
Stummel saß da und staunte.
Der erste Schnee!
Er hatte keine Lust, ihn in seinem Nest zu verschlafen.
Die Flocken fielen immer dichter.
Am Abend war keine Erdscholle, kein Grashalm mehr zu sehen.
Stummel sprang über die Wiese. Er kam nicht mehr so schnell vorwärts wie sonst. Seine Läufe versanken in der weichen Decke.
Allmählich wurde er hungrig.
Er hatte seit Stunden nichts mehr gegessen.
Wie wohl der Schnee schmeckte?
War er bitter oder süß?
Er war kalt und zerging auf seiner Zunge.
Stummel spuckte ihn wieder aus.
Stummel suchte nach seinem Nest, aber vergeblich.
Es war unter dem Schnee verschwunden.
Eine Weile lief er ohne Ziel hin und her.
Was ihm am Morgen wie ein Wunder erschienen war, bedrohte ihn.
Er suchte Schutz unter den Bäumen.
Der Waldboden war nur mit einer dünnen Schneeschicht überzogen.
Stummel atmete auf.

Unter einem überhängenden Stein saß Stoppel
im Trocknen und schaute vergnügt den Flocken zu,
die den Weg durch die Baumkronen fanden.
Stummel setzte sich neben ihn.
»Wir müssen uns eine neue Wohnung suchen«,
sagte er verzweifelt.
»Bereits gefunden«, sagte Stoppel.
Er führte Stummel unter die dicken Wurzeln einer Fichte.
Er hatte die Vertiefung vergrößert und mit Laub ausgepolstert.
In der Nähe gab es Moos und Rindenstücke.
Stoppel schob ihm eine Flechte zu.
»Probier mal!«
So gut wie Kohl, Rüben und Klee schmeckte sie nicht,
aber sie stillte seinen Hunger.
Es war Winter geworden.

Eine besondere Nacht

»Heute ist eine besondere Nacht«, sagte Stoppel.
Stummel schaute zum Himmel hinauf.
Zwischen den Wolken leuchteten der Mond und die Sterne, doch er fand daran nichts Besonderes.
»Man kann es weder sehen noch hören noch riechen«, sagte Stoppel.
Stummel schwieg.
Er hatte Hunger, und es war ihm nicht nach Dingen zumute, die nur zu spüren oder zu ahnen waren.
Er sehnte sich nach einer Rübe, nach Frühlingsklee oder einem saftigen Kohlblatt. Er hoppelte auf die Wiese hinaus und fing an, den Schnee wegzuscharren.
Stoppel half ihm dabei.
Unter dem Schnee lag die Wintersaat.
Stummel hatte sich an Moos und Rinde gewöhnt, aber die zarten Halme schmeckten tausendmal besser.
Plötzlich hielten sie in ihrer Arbeit inne.
Vom Dorf her näherte sich ein Lichterzug und strebte dem Wald zu.
»Menschen!«, flüsterte Stoppel.
»Nie hat man seine Ruhe«, sagte Stummel.
Im Sommer kamen sie, um Pilze zu suchen und Beeren zu sammeln. Im Herbst durchstreiften sie den Wald mit Hunden und Gewehren. Und nun kamen sie sogar in der Dunkelheit, mitten im Winter.
Was wollten sie?
Es waren nicht nur große, sondern auch kleine Gestalten dabei. Als Stummel unter ihnen das kleine Mädchen entdeckte, dem er den Osterhasen zerbrochen hatte, legte sich sein Ärger.
Wie alle andern trug es eine Laterne in der Hand.
Stummel und Stoppel folgten dem Zug.
Die vielen Lichter warfen geheimnisvolle Schatten auf den Schnee.

Am Rande einer Lichtung stellten sich die Riesen
in einem Halbkreis um eine Tanne.
Einer machte sich an ihr zu schaffen, ein anderer
stellte eine Krippe daneben.
Ein dritter, der einen Sack auf dem Rücken getragen hatte,
füllte sie mit Heu.
Plötzlich wurde es dunkel.
Einen Augenblick später waren es nicht mehr die Laternen,
sondern es war der Tannenbaum, der im Licht erstrahlte.
In roten, blank polierten Äpfeln spiegelten sich brennende
Kerzen.
Stummel und Stoppel saßen unbemerkt unter den Ästen
einer Föhre.
»Ein Wunder!«, flüsterte Stummel.
»Eine besondere Nacht«, sagte Stoppel.
Die Riesen fingen an zu singen.
Zum ersten Mal bedauerte Stummel,
die Sprache der Menschen nicht zu verstehen.

»War es ein Traum?«, fragte Stummel.
»Nein«, antwortete Stoppel. »Es war Wirklichkeit.«
Er war ein wenig stolz darauf, dass seine Ahnung ihn nicht getäuscht hatte.
Die Riesen mit ihren Laternen waren verschwunden, auch die brennenden Kerzen.
Aber an den Ästen der Tanne hingen Äpfel, und die mit Heu gefüllte Krippe stand immer noch da.

Stummel und Stoppel hüpften aus ihrem
Versteck auf die Waldlichtung hinaus.
Aus dem Wald traten Rehe.
Eichhörnchen kamen.
Der Tannenbaum sah aus,
als wäre er mit Vögeln geschmückt,
Finken, Amseln, Meisen und Spatzen.
Zwischen den Äpfeln baumelten Säckchen
mit Körnern.

Die Rehe taten sich gütlich am Heu.
Die Eichhörnchen fanden Nüsse im Schnee.
Für die Hasen gab es einen Haufen Rüben.
Sie kamen von allen Seiten. Auch Stummels Mutter,
sein Bruder und seine Schwester waren dabei.
Doch wo blieben die weißen Hasen?
Sie standen am Rande der Lichtung
und trauten sich nicht, näherzutreten.
»Kommt!«, rief Stummel und winkte ihnen.
»Es gibt genug für alle!«
Stoppel zuckte zusammen.
Es würde Streit geben. Die weißen Hasen
wurden von den braunen nur von ferne geduldet.
Aber nun waren alle bereit, sie in ihrer Mitte aufzunehmen.
Es kam nicht auf die Farbe des Felles an.
Stummel und Stoppel liefen von einer Gruppe zur andern.
Immer wieder mussten sie erzählen, was sie erlebt
und gesehen hatten.
Als sich die Tiere voneinander trennten,
dämmerte der Morgen.
Stummel und Stoppel kehrten nach Hause zurück.
Die Wolken waren verschwunden.
Am Himmel leuchteten die Sterne.
Es war kalt geworden.
Aber es war ihnen wohl und warm zumute.
Es war eine Wärme, die nicht von außen,
sondern von innen kam.

Stummel und das Eichhörnchen

Stummel saß vor dem mit Schnee bedeckten Laubhaufen
unter der Eiche.
»Hörst du mich?«, rief er.
Aber nichts rührte sich.
Der Igel ließ sich nicht stören.
Er schlief.
»Ich werde mit meinen Kräften haushalten müssen«,
hatte er Stummel erzählt.
»Mein Herz wird so langsam schlagen, und ich werde
so leise atmen, dass es scheint, als sei ich tot.«
Sein einziger Vorrat war der runde Bauch,
den er sich im Herbst zugelegt hatte.
Er hat es gut, dachte Stummel.
Die Kälte wollte kein Ende nehmen,
und es wurde immer schwerer, Nahrung zu finden.
Wie Stoppel gesagt hatte, erinnerten sie sich manchmal
an einen Garten voller Gemüse, an eine Wiese voller
Löwenzahn, an eine warme Sommernacht, an einen blühenden
Kirschbaum, an Tautropfen im Gras und an ein Gewitter.
Es kam ihnen alles vor wie ein schöner Traum.
Er tröstete sie.
»Wie lange dauert der Winter?«, fragte sich Stummel.
Allmählich hasste er die weiße Decke, die ihn von einer
Welt trennte, in der es warm und gemütlich war.
Die Mäuse hatten sich Gänge gegraben und knabberten Körner.
Die Ameisen drängten sich auf einen Haufen
zusammen. Die Molche und Frösche lagen in einem Erdloch
in der Nähe des Weihers und kümmerten sich weder um
den Schnee noch um die Kälte.
Ohne sich zu regen, warteten sie auf die warmen Tage.
Stummel fühlte sich verlassen und ausgeschlossen.
Ach, könnte er durch die Schneedecke unter die Erde
kriechen!

In diesem Augenblick plumpste etwas auf seine Nase.
»Au!«, rief er und sah sich erschrocken um.
Vor seinen Füßen lag eine Haselnuss.
Im Geäst der Eiche hörte er ein Kichern.
Die zweite Nuss traf ihn hinter den Ohren.
Die dritte fiel auf seinen Stummelschwanz.
Die vierte verfehlte ihr Ziel.

Stummel schaute in die Höhe.
Zwischen den Ästen entdeckte er
einen großen, buschigen Schwanz.
Es war ein Eichhörnchen,
das ihn mit Nüssen bombardierte.
»Ich bin auch noch da«, sagte es.
Da kam auch Stoppel dahergelaufen.
Das Eichhörnchen verabschiedete sich.
Stummel und Stoppel machten sich
über die Nüsse her.
Es war nicht einfach, sie aufzuknacken,
aber in jeder lag ein süßer Kern.

Der Himmel war blau. Die Sonne funkelte
in Tausenden von Schneekristallen.
Stummel und Stoppel konnten sich nicht satt sehen.
Vor ihnen lag der Bauernhof.
Unter der dicken Haube aus Schnee war er kaum
wiederzuerkennen.
Ob auch er einen Winterschlaf machte?
Der schwarze Hund und die Menschen ließen sich
nur noch selten sehen.
»Wir brauchen uns nicht zu fürchten«, sagte Stummel,
als sie über den Schnee hoppelten.
Sogar die hölzernen Pfosten des Gartenzauns hatten
weiße Kappen an.
Der Zaun lag zur Hälfte unter dem Schnee.
Stummel und Stoppel übersprangen ihn mit einem Satz.

Unter dem Schnee lag auch das Wintergemüse.
»Vielleicht lässt es sich ausgraben«,
sagte Stummel.
Doch die oberste Schneeschicht hatte sich in
der Kälte in eine Eiskruste verwandelt.
Stummel, der sie aufzukratzen versuchte,
schürfte sich die Pfoten auf und blutete.
Plötzlich sah er, wie Stoppel erstarrte.
Er blickte auf.
In einer Ecke des Gartens stand ein Riese.
Auf dem Kopf trug er einen zerbeulten Hut,
um den Hals ein rotes Halstuch. Im Arm hielt er
einen Besen. Aus seinem Gesicht ragte eine große Nase.
Stoppel machte sich zum Sprung bereit.
Stummel lachte.
Der Mann war aus Schnee und rührte sich nicht.
Nur seine Nase senkte sich langsam
und plumpste auf den Boden.
Es war eine Karotte.

Stummel und Stoppel hüpften darauf zu.
Von beiden Seiten fingen sie an zu mampfen.
Sie vergaßen alles um sich her.
Erst als ein Schatten über sie fiel, ergriffen sie die Flucht.
War der Schneemann lebendig geworden?
Nach einer Weile blieb Stummel stehen.
Stoppel war verschwunden. Sein weißes Fell schützte ihn.
Stummel drehte sich um.
Neben dem Schneemann stand ein kleines Mädchen.
Es winkte ihm zu.
In der Hand hielt es die Nase des Schneemanns,
das bisschen, das davon übrig geblieben war.
Stummel und Stoppel trafen sich in ihrem Nest zwischen
den Wurzeln wieder. Stoppel leckte Stummels verletzte Pfote.
Dafür erzählte ihm Stummel eine Geschichte.
Es war die Geschichte von einem zerbrochenen Hasen
aus Schokolade.

Die Sonne

Stummel und Stoppel saßen am Waldrand.
Die aufgehende Sonne versteckte sich hinter
einem Nebelschleier.
Stummel sah ihr, ohne mit den Augen zu zwinkern,
mitten ins Gesicht.
Seit er wusste, was Hunger und Kälte bedeuteten,
war die Sonne für ihn ein Wunder.
Sie war stärker als alles andere.
Sie räumte mit den Schneeresten auf.
Sie ließ das Gras wieder wachsen.
Sie trieb die Knospen aus den kahlen Ästen.
Sie weckte die ersten Blumen.
»Der Haselbusch blüht bereits«, sagte Stummel.
»Und ich habe gestern eine Amsel singen gehört«,
erzählte Stoppel.
Es war aufregend, dem Kampf zwischen dem Nebel
und dem Licht zuzusehen.
»Wer wird siegen?«, fragte Stoppel.
»Die Sonnenscheibe«, antwortete Stummel.
Stoppel lachte.
»Das ist keine Scheibe«, belehrte er.
»Was denn sonst?«
»Eine Kugel!«
»Ich sehe keine Kugel!«
Stummel wurde zornig.
Kugelförmig waren die Beeren an den Sträuchern,
die Äpfel an den Bäumen, kugelförmig war der Igel,
wenn er sich zusammenrollte.
Wie konnte Stoppel so etwas von der Sonne behaupten!
»Kannst du es beweisen?«, fragte er.
»Es ist bewiesen!«
Auch wenn Stoppel ein Jahr älter war,
fiel es Stummel nicht leicht, ihm zu glauben.
»Die Sonne kümmert sich nicht darum,
was wir von ihr wissen«, schnuffelte er.

Stoppel schwieg.
»Also ist es gar nicht wichtig«, fuhr Stummel fort.
»Doch, es ist wichtig!«, sagte Stoppel.
»Warum?«
»Weil es zu jenen Dingen gehört, die anders sind, als unsere Augen sie sehen.«
Stummel blickte zum Himmel hinauf.

Die Sonne hatte den Kampf gegen den Nebel gewonnen,
und sie blendete ihn.
Wie der Nebel war auch sein Zorn verflogen.
»Sie bleibt trotzdem ein Wunder«, sagte er.
Und das musste auch Stoppel zugeben.

Der Apfel

Das Gekreisch der Säge hatte sie aufgeweckt.
Nicht weit von ihrem Nest entfernt sahen Stummel
und Stoppel zwei Menschen. Mit Äxten befreiten
sie eine Fichte von ihren Ästen. Die nackten Stämme
sahen merkwürdig aus. Am Waldrand lag eine
ganze Reihe davon. Was machten die Riesen damit?
Vor nicht langer Zeit hatten sie einen Baum mit Kerzen
geschmückt, und nun fällten sie ihn.
Die Menschen mussten stark und allmächtig sein.
Gehörten sie zu den Feinden oder zu den Freunden?

Stummel dachte an das kleine Mädchen,
den Schneemann und den Osterhasen.
»Sie sind ungefährlich«, sagte er.
Stoppel war anderer Meinung.
»Wenn sie Lust haben, schießen sie uns tot.«
Es war schwer, die Menschen zu verstehen.
Aber wie die Tiere schienen auch sie Hunger
und Durst zu haben.
Am Mittag setzten sie sich auf einen Baumstrunk
und fingen an, zu essen und zu trinken.
Stummel und Stoppel beobachteten sie.
Plötzlich warf ihnen einer einen Apfel zu.
»Sie haben uns entdeckt«, flüsterte Stoppel.
Er wollte flüchten.
Stummel hielt ihn zurück.
»Schau!«, sagte er. »Sie stellen sich tot.
Sie fürchten sich vor uns!«
Stoppel spähte vorsichtig aus dem Nest.
Stummel hatte recht.
Die Holzfäller bewegten sich nicht.
Nur drei Sprünge trennten ihn von dem Apfel.
Oh, dieser Apfel!

Stoppel machte einen Satz auf ihn zu,
den Riesen entgegen.
Dann wagte er auch den zweiten und
den dritten Sprung.
Stummel riss vor Verwunderung die Augen auf.
Wo nahm Stoppel diesen Mut her?
Erst als er den Apfel mit Gehäuse und Stiel
aufgegessen hatte, rührten sich die Riesen wieder.
Stoppel hoppelte ohne große Eile davon.
Stummel folgte ihm.
»Ich bin stolz auf dich!«, sagte er.
Stoppel umarmte ihn.
Er konnte es noch nicht fassen,
dass er seine Angst überwunden hatte.

Stoppels Tanz

Der Winter war vorbei.
Der Boden vor Stummels und Stoppels Behausung war mit Buschwindröschen übersät. Am Weiher blühten Sumpfdotterblumen. Zwischen dem dürren Laub am Waldrand dufteten Veilchen. Und die Knospen an den Bäumen konnten es kaum erwarten, aufzuplatzen und die neuen Blätter dem Licht entgegenzustrecken.

Auf den Bergen lag immer noch Schnee.
Schnee!
Stummel hatte genug davon.
»Es wird höchste Zeit, dass wir uns eine neue Wohnung suchen«, sagte er, »eine Sommerwohnung!«
Stoppel war in Gedanken versunken.
»Hörst du mir überhaupt zu?«, fragte Stummel.
Stoppel nickte.
Stummel spürte, dass Stoppel etwas vor ihm zu verbergen suchte.
Was beschäftigte ihn?
In der Nacht folgte Stummel seinen Spuren.
Er kannte sie so gut wie seine eigenen.
Sie führten ihn zu der Waldlichtung.
Es war der Ort, an dem die Menschen im Winter gefeiert und die braunen Hasen die weißen in ihrer Mitte aufgenommen hatten.
Stoppel saß in einem Kreis von Schneehasen.
Stummel wollte seinen Namen rufen.
In diesem Augenblick fing ein alter Hase an zu sprechen.
»Ich werde zurückkehren«, sagte er. »Wer kommt mit?«
»Mir gefällt es besser hier«, sagte ein anderer. »Ich bleibe.«

»Die braunen Hasen haben sich an uns gewöhnt«,
meinte eine junge Häsin.
»Trotzdem werden wir für sie Fremdlinge bleiben«,
entgegnete ihr der alte Hase.
Und was würde Stoppel sagen?
Stoppel sagte nichts.
Er fing an zu tanzen.
Die andern klatschten dazu.
Es war ein Tanz aus den Bergen, ein Schneehasentanz.
Stummel schaute zu.
Stoppel hatte ihm die Versammlung der weißen Hasen verschwiegen. Auch den Tanz sah er zum ersten Mal.
Es war Frühling geworden.
Der Kuckuck, die Schwalben und die Stare
waren wieder da und bauten Nester.
Im Herbst hatte sich Stoppel Flügel gewünscht ...
Nachdenklich kehrte Stummel nach Hause zurück.
Am Morgen lag er mit Stoppel am Waldrand.
»Wirst du mich verlassen?«, fragte er.
»Ja«, sagte Stoppel leise.
»Vorher möchte ich deinen Tanz lernen.«
Stoppel erschrak.
»Was für einen Tanz?«
»Den Schneehasentanz!«

»Wirst du traurig sein?«
»Ich werde die Erinnerungen haben und manchmal tanzen«, sagte Stummel.
Er spürte, wie Stoppels Herz bei diesen Worten um eine große Last leichter wurde.
Hinter den Bergen ging die Sonne auf und weckte Stummels Sehnsucht. Er dachte an die Grenze, vor der sich alle fürchteten. Vor langer Zeit hatte er sich vorgenommen, sie dennoch eines Tages zu überschreiten. Auch die weißen Hasen hatten es gewagt.
»Stoppel«, sagte er, »wir werden uns wiedersehen.«

Ein neuer Frühling

Stummel hoppelte am Waldrand entlang.
Vor einem Jahr war er zur Welt gekommen.
Trotzdem war es ihm, als sähe er alles zum ersten Mal,
die Ameisen, die Käfer, die zurückgekehrten Vögel,
die Kräuter und Blumen, die Äcker und Wiesen und
das Laub an den Bäumen.
Der Winter war vorbei.
Auf den Winter folgte ein neuer Frühling.
Der Igel hatte recht behalten.
Eben kam er dahergewatschelt und ließ sich
neben Stummel nieder.
Im Winterschlaf hatte er mehr als ein Drittel
seines Gewichtes verloren.
»Ich habe dich zuerst kaum wiedererkannt«,
sagte Stummel.
Der Igel seufzte.
»Noch nie fiel mir das Aufwachen so schwer.
Ich bin alt geworden.«
»Wie alt?«, fragte Stummel.
»Zehnmal älter als du!«
Stummel erzählte dem Igel, wie er mitten im Winter
nach ihm gerufen und wie verlassen er sich gefühlt hatte.
Nun konnte er sich an Hunger und Kälte kaum noch erinnern.
»Bald wirst du wieder rund und dick sein!«
Der Igel lachte.
»Heute würdest du den Wettlauf gewinnen.«
Trotz des langen Schlafes hatte der Igel nichts vergessen.
»Und wo ist Stoppel, der weiße Hase?«, fragte er.
Stummel zögerte mit der Antwort.

»In seine Heimat zurückgekehrt.«
Der Igel schwieg.
Stummel war froh, dass er nicht weiterfragte.
Die Schneefelder auf den Bergen fingen an zu glühen.
Die aufgehende Sonne versprach einen strahlenden Tag.
»Lass uns ihn verschlafen!«, brummte der Igel.
Stummel lief zu seinem Nest. Es war das gleiche, das er sich im vergangenen Sommer ausgebuddelt, das gleiche, in dem Stoppel während eines Gewitters Zuflucht gesucht hatte.
Seit Stoppel fort war, kam es ihm leer und öde vor.
Er hatte Mühe einzuschlafen.
Irgendetwas tat ihm weh.
Es war kein Bauchweh, kein Halsweh, kein Ohrenweh …
Was war es nur?

»Was machst du da?«, fragte die Waldmaus.
Stummel saß am Rande eines frisch gewalzten Ackers.
Die Abendsonne berührte den Horizont.
Eine dunkle Linie trennte den Himmel von der Erde.
Stummel versuchte, sie mit seiner linken Vorderpfote in die Erde zu kratzen.
Die Waldmaus kicherte, als sie Stummels Bild betrachtete.
»Soll das ein lahmer Fuchs sein?«
»Nein!«
»Ein schlafender Riese?«
»Nein!«
»Ein Angsthase?«
»Geh, und lass mich in Ruhe!«
»Muffel!«
Die Waldmaus rannte ins Untergehölz zurück, aus dem sie gekommen war.

Was Stummel sich einprägte, war die Form eines Berges.
Stoppels Berg!
Er machte die Augen zu.
Auch blind sah er den Berg vor sich.
Stummel dachte daran, was Stoppel ihm von Felswänden, Geröllhalden, von Murmeltieren, Steinböcken, Gämsen, Adlern und seltenen Blumen erzählt hatte.
War er gut wieder nach Hause gekommen?
War er froh, wieder unter lauter weißen Hasen zu sein?
Ob er sich auch daran erinnerte, was sie im Winter zusammen erlebt hatten?
Niemand konnte ihm darauf eine Antwort geben.
Er musste Stoppel selber fragen.
Das Heimweh wurde jeden Tag größer.
Unten im Tal lag das breite graue Band, das die Welt in zwei Teile trennte.
Es war die Grenze.
Stummel fürchtete sie.
Er lief in den Wald hinein und fing an zu tanzen.
Auf einmal hörte er jemand klatschen.
Unter einem Haselbusch saß ein Hasenkind und beobachtete ihn.
Stummel stellte seine Ohren auf.
Nicht einmal dem Igel hatte er verraten, was Stoppel ihn vor seinem Abschied gelehrt hatte.
»Mach dich davon!«, sagte er barsch.
Doch das Hasenkind ließ sich nicht einschüchtern.
Auf der Stirn zwischen seinen Ohren bemerkte Stummel einen weißen Fleck, wie er ihn noch nie gesehen hatte bei einem braunen Hasen.

Wie eine frisch gefallene Schneeflocke sah er aus.
Das Hasenkind gefiel Stummel.
»Was war das für ein Tanz?«, fragte es.
Stummel überlegte lange.
Ließ sich ein Geheimnis teilen?
Bis jetzt hatte es nur ihm allein gehört.
»Es ist Stoppels Tanz«, sagte er, »der Schneehasentanz.«
»Wirst du ihn mir zeigen?«
»Ja«, sagte Stummel.
»Ich möchte ihn mit dir zusammen tanzen.«

Stummel nimmt Abschied

Es war kein Schnee.
Es waren die Blütenblätter des wilden Kirschbaums,
die der Nachtwind davontrug.
Wie konnte jemand freiwillig den schönen Waldrand
verlassen!
Der Igel schüttelte den Kopf.
»Ich habe dich gewarnt!«
»Mach dir um mich keine Sorgen!«, sagte Stummel.
Er ließ sich nicht anmerken, wie bange ihm zumute war.
Doch das Heimweh nach Stoppel war stärker als die Angst.
Wir werden uns wiedersehen, hatte er ihm versprochen.
Stummel glaubte daran.
Er sprang den Hügel hinunter, lief durch Ackerfurchen,
am Bauernhof vorbei, über Wiesen und Felder.
Vor der Grenze blieb er stehen.
Die Grenze hatte viele Hasen, Igel und Rehe,
ja sogar Füchse das Leben gekostet.
Vor langer Zeit war er schon einmal hier
gestanden, weil er die Berge aus der Nähe
sehen wollte. Er war wieder umgekehrt.

Stummel wusste, dass es die lärmenden
Ungeheuer waren, die den Tod brachten.
Eines nach dem andern brausten sie
an ihm vorüber.
Es brauchte Mut, die Furcht zu überwinden.
Aber Mut allein war nicht genug.
Er musste sich auf seine Augen, seine Ohren
und auf seine Nase verlassen.
Er wartete.
Als es einen Augenblick still und dunkel wurde,
sprang er auf die glatte Fläche hinaus.
Der Boden, auf dem er landete,
war für seine Pfoten ungewohnt.
Stummel spürte, wie er seine Sicherheit verlor.
Zwei glühende Augen kamen auf ihn zu.
Er war unfähig, sich zu rühren,
aber er presste sich, so flach er konnte,
auf den Boden.
Das Ungeheuer fuhr über ihn hinweg
und entfernte sich.
Stummel rannte los.
Erst in einer Ackerfurche kam er wieder zu sich.
Vorsichtig richtete er sich auf.
Noch zitterte er am ganzen Körper.
Auf der andern Seite stand ein Hasenkind und winkte.
Auf seiner Stirn zwischen den Ohren leuchtete ein
weißer Fleck wie eine frisch gefallene Schneeflocke.
Stummel winkte zurück.
Er hatte die Grenze überwunden.

Stummel löst ein Rätsel

Es regnete seit Tagen.
Über dem Land hing eine graue Decke.
Wie gut, dass Stummel sich die Form
von Stoppels Berg eingeprägt hatte.
Es war ihm, als sähe er ihn vor sich,
auch durch den Regen und die Wolken.
Jeder Satz und jeder Sprung bringen mich
dem Ziel näher, dachte er.
Der Weg stieg an, also musste es der richtige sein.
Aber als eines Morgens die Sonne wieder durch die Wolken
brach, stand Stummel einer fremden Welt gegenüber.
Was war das für ein Baum, unter dem er sich ausruhte?
An langen Zweigen saßen zierliche Zapfen.
Die Nadeln glänzten in einem hellen Grün.
Stoppel hatte Stummel von diesen Bäumen erzählt.
Im Herbst wurden sie golden.
Auch jetzt war es, als schiene das Licht aus ihnen heraus.
Es waren Lärchen.
Zwischen den Lärchen entdeckte Stummel ein paar Föhren
und einzelne Tannen, aber keinen einzigen Laubbaum.
Stummel machte Männchen, um Ausschau zu halten.
Träumte er?
Er schloss die Augen und öffnete sie wieder.
Stoppels Berg war verschwunden.
Dafür stand ein anderer da, viel mächtiger.
Er hatte auch keine Spitze mehr, sondern einen runden Buckel.
Über sich in der Krone eines Baumes hörte er ein Hämmern.

»Tack – tack – tack!«

Ein Buntspecht schlug mit seinem Schnabel
ein Loch durch die Rinde.
Stummel trommelte mit seinen Pfoten an den Stamm.
Der Buntspecht ließ sich nicht stören.
Vögel waren besondere Wesen.
Wer mit ihnen sprechen wollte, musste Geduld haben.
Stummel legte sich ins Gras und wartete.
Endlich setzte sich der Buntspecht auf einen Ast
in Stummels Nähe.
»Wo bin ich hingeraten?«, klagte Stummel.
»Ich habe mich verirrt.«
Er versuchte, dem Vogel Stoppels Berg zu beschreiben.
Der Buntspecht wippte mit dem Schwanz.
»Du hast dich nicht verirrt«, sagte er.
»Es ist der gleiche und doch nicht der gleiche.«
Stummel schaute ihn ungläubig an.
»Was meinst du damit?«, fragte er verwirrt.
»Ein Rätsel«, sagte der Vogel und flog davon.
Stummel blickte ihm nach.
Der Buntspecht sah die Welt von oben.
Für ihn gab es keine Grenzen.
Stummel betrachtete den Berg von neuem.
Und auf einmal wusste er, was geschehen war.
Er war Stoppels Berg näher gekommen
und sah ihn von einer andern und neuen Seite.
Er hatte das Rätsel gelöst.

Stummel ist verletzt

Ein heftiger Schmerz fuhr durch Stummels Körper
und weckte ihn.
Neben dem Farnstock, den er sich als Schlafstelle
ausgesucht hatte, lag ein Stein.
Der Stein hatte ihn getroffen.
Stummels Haut war unverletzt, aber als er sich aufsetzte,
konnte er seine rechte Vorderpfote nicht mehr bewegen.
Über den steilen Abhang hinunter kam ihm
ein neuer Stein entgegen.
Stummel durfte nicht liegen bleiben.
Er musste versuchen,
den Hang hinaufzuklettern.
An seinem Rande sah er
den blauen Himmel.

In der Ferne hörte er Glockengebimmel.
Mit seinen Hinterbeinen arbeitete er sich Satz für Satz aufwärts. Die verletzte Vorderpfote hielt er an den Bauch gepresst, mit der gesunden stützte er sich bei den Sprüngen ab.
Es war Mittag.
Das grelle Licht der Sonne tat seinen Augen weh.
Die Hitze wurde immer unerträglicher.
Wenn er sich am Ziel glaubte,
stand er wieder vor einem neuen Wegstück.
Der Hang wollte kein Ende nehmen.
Doch das Glockengebimmel kam näher und näher.
Er durfte nicht aufgeben.

Und plötzlich lag eine flache Wiese vor ihm.
Stummel atmete auf.
Auf der Wiese weideten Kühe.
Es waren die Kühe, die er im Herbst vor dem Bauernhaus gesehen hatte. Sie trugen die gleichen Glocken um den Hals.
Wie waren sie hierhergekommen?
Unter einer Tanne entdeckte Stummel eine lang gestreckte Hütte, ein Haus, wie nur Menschen es bauen konnten.
Türen und Fenster standen offen, und aus dem Kamin stiegen Rauchwolken zum Himmel empor.
Jemand kam über die Wiese gelaufen.
Stummel rieb sich die Augen.
Sah er recht?
Er erkannte das kleine Mädchen, dem er einen Hasen aus Schokolade zerbrochen, das er in einem verschneiten Wald mit einer Laterne gesehen und das auch den Schneemann gebaut hatte.
Es verschwand in der Hütte, ohne ihn zu sehen.
An der Hütte floss ein Bach vorbei.
Stummel hinkte darauf zu.
Wasser!
Kühles, frisches Wasser!
Er trank und trank!
In der Nähe des Baches fand er einen schattigen Platz.
So gut er es mit drei Pfoten vermochte, grub er sich ein Nest in die Erde.
Er war gerettet.

Stoppel hatte sie ihm beschrieben.
Sie waren viel schöner,
als Stummel sie sich vorgestellt hatte.
Vor seinem Versteck stand ein blauer Eisenhut.
Neben dem Bach wuchsen Trollblumen. Zwischen
den Ritzen eines Felsbrockens blühten Glockenblumen.
Am besten gefielen Stummel die Enziane und die Silberdisteln.
Nachts schlossen sie ihre Blüten, um sie jeden Morgen
dem Licht und der Wärme neu zu öffnen.
Stummel fand saftige Kräuter. Sie schmeckten anders als zu
Hause. Das Gras wuchs weniger hoch, dafür war es würziger.
Er merkte bald, welche Pflanzen ihm gut oder schlecht
bekamen. Wie die Kühe ließ auch er den gelben Hahnenfuß
stehen. Stummel hinkte noch immer, doch es ging ihm
jeden Tag besser. Jeden Tag wagte er sich auch ein bisschen
näher an die Hütte der Riesen heran.
Darin wohnten nicht nur das kleine Mädchen, sondern auch
ein Mann und eine Frau.
Stummel blieb am Morgen lange wach, um das kleine Mädchen
zu beobachten. Es wusch sich am Brunnen vor dem Haus.
Stummel machte Männchen.
»Ein Hase!«, rief das kleine Mädchen plötzlich.
Stummels Herz fing laut an zu pochen. Er blieb sitzen.
Erst als die Frau aus der Hütte trat, hoppelte er langsam davon.

»Das arme Häschen! Es hinkt!«
Stummel kuschelte sich in sein Nest.
Als er wieder erwachte, lagen vor seiner Nase ein paar Kohlblätter.
Am zweiten Abend waren es Apfelstücke.
Am dritten Abend labte er sich an frischen Karotten.
Auch seine verletzte Vorderpfote war wieder geheilt und tat nicht mehr weh.
Nur wenn er dem kleinen Mädchen begegnete, hinkte er.
»Das arme Häschen!«
Die Worte galten ihm.
Stummel verstand ihre Bedeutung nicht.
Es war der Klang der Stimme, der ihn glücklich machte.
Wie die Tiere hatten die Menschen ihre eigene Sprache.
Stummel erinnerte sich daran, wie wunderbar sie mitten in einer Winternacht gesungen hatten.
Eines Abends trug der Mann ein langes Horn aus der Hütte.
Er setzte es an den Mund und dann erklangen Töne, wie Stummel sie noch nie gehört hatte.
Sie ließen Stummel erschauern.
Sie waren dunkel und dennoch schön.
An diesem Abend ließ er die Kohlblätter, die Apfelstücke und die frischen Karotten liegen.
Als am Himmel der Mond und die Sterne erschienen, machte er sich wieder auf den Weg.

Stummel im Nebel

Nebel war verzaubertes Wasser.
Er hing als Schleier in der Luft und in glänzenden Tropfen
an den Zweigen und Gräsern.
Auch Stummel wurde nass davon,
doch die feinen Wollhaare unter seinem Fell
schützten ihn vor Kälte und Feuchtigkeit.
Er stärkte sich mit Heidelbeeren.
Die kleinen Stauden am Wegrand waren voll davon.
Von Zeit zu Zeit blieb Stummel stehen und lauschte
in die Stille hinein.
Der Nebel wurde immer dichter.
Auf einmal stand er vor einem riesigen Tier.
Sein schwarzer Rücken glänzte.
Sein Haupt war mit Moos bedeckt.
Es war versteinert und rührte sich nicht.
Trotzdem war es Stummel unheimlich zumute.
So schnell er konnte, lief er an ihm vorbei.
»Ich bin Stummel!«, sagte er laut vor sich hin.
»Ich bin Stummel!«
Nach einer Weile versperrte ihm das versteinerte Tier
den Weg von neuem.
Stummel war im Kreis gegangen.
Wie lange schon?
Er hatte nicht nur die Richtung,
sondern auch das Gefühl für die Zeit verloren.
Er kam sich vor wie in einem Käfig ohne Gitter
und getraute sich nicht mehr weiterzugehen.
Zum ersten Mal, seit er unterwegs war, dachte er
an sein gemütliches Nest, an die vertrauten Wege am
Waldrand, am Acker und an den Wiesen entlang.

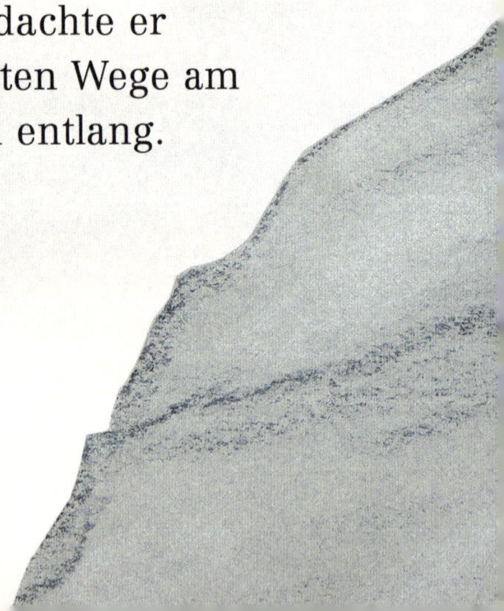

Er dachte an den Igel, der ihn gewarnt hatte.
Er dachte auch an das Hasenkind.
Es war ihm, als stände es neben ihm.
Das Geheimnis verband sie miteinander.
In diesem Augenblick tauchte ein neues Wesen
aus dem Nebel auf.
Es war nicht versteinert, es war lebendig,
nicht viel größer als Stummel.
Sein graubraunes Fell schimmerte silbern.
Es musste dicht und borstig sein.
Stummel suchte nach seinen Ohren.
Es versteckte sie hinter den Augen im Pelz.
Dafür besaß es einen kräftigen, buschigen Schwanz.
Es setzte sich vor Stummel auf seine Hinterbeine
und fing an zu pfeifen.
»Ich bin Murmel. Und wer bist du?«
»Ich heiße Stummel!«
»Wie?«
»Mummel!«
»Sturmelmummel!«
Sie fingen an zu lachen.
Und dann sagte Murmel:
»Über dem Nebel scheint die Sonne.«

Stummel wundert sich

»Oh!«, entfuhr es Stummel.
Der Nebel hatte sich gelichtet.
Nun lag er als Decke zu seinen Füßen.
So weit Stummel blickte, sah er nichts als ein weißes Meer.
Nur die Gipfel der Berge ragten daraus hervor.
Der Himmel war blau und wolkenlos.
Nach der gespenstischen Nacht war es für Stummel wie ein Wunder.
»Beeil dich!«, drängte Murmel.
Von einer nahen Geröllhalde kam ihnen jemand bellend entgegengelaufen.
»Meine Mutter!«, flüsterte Murmel.
»Da bist du ja!«, schimpfte sie.
»Du hast da unten nichts verloren.«
»Nein«, brummte Murmel, »ich habe da unten nichts verloren, dafür etwas gefunden.«
Er zeigte auf Stummel.
»Auch das noch!«, murmelte Murmels Mutter.
Aber nachdem sie Stummel beschnuppert hatte, hellte sich ihre Miene wieder auf.
»Willkommen!«, sagte sie.
Auf der Geröllhalde wurden einige der graubraunen Steinkegel plötzlich lebendig.
Zwei Murmelmänner fingen an, miteinander zu kämpfen.
Sie peitschten mit ihren Schwänzen durch die Luft.
Sie pfiffen und schrien.
Sie scheuten sich auch nicht davor, die Zähne zu gebrauchen.
Als der Kampf entschieden war, umarmten sie sich.
»Mein Vater hat gewonnen!«, sagte Murmel.

Zwischen ein paar Steinbrocken saßen zwei Murmeltiere,
die ihre Vorderpfoten gegeneinander klatschten.
Danach begannen sie sich zärtlich zu lecken.
»Mein Onkel und meine Tante«, erklärte Murmel.
Zwei kleine Murmeltiere fassten sich um den Bauch
und kugelten einen Abhang hinunter.
»Ein Vetter und eine Base!«
Murmel purzelte ihnen nach.
»Mach mit!«, rief er Stummel zu.
Stummel traute sich nicht.
Er kam aus dem Staunen nicht heraus.
Er saß da und wunderte sich.

Die Murmeltiere

Ein Mensch mit einem Bündel auf dem Rücken wanderte die Geröllhalde entlang, blieb plötzlich stehen und stellte sich tot.
Murmels Vater, der Wache hielt, ließ sich nicht täuschen.
Er warnte die andern mit einem Pfiff.
Im Nu verschwanden die Murmeltiere in ihren Verstecken zwischen den Steinen.
Auch Stummel erstarrte.
Erst als der Riese weiterzog, wurde es auf der Geröllhalde wieder lebendig.

Murmels Onkel schnitt mit seinen Zähnen dürre Grashalme ab.
Seine Frau schob sie mit dem Unterkiefer zusammen
und trug sie im Maul unter ein Gebüsch.
»Wozu dieser Eifer?«, fragte Stummel.
»Sie brauchen ein warmes Nest!«
»Mitten im Sommer?«
Murmel lachte.
»Sie bekommen ein Kind, vielleicht auch zwei!«, sagte er.
»Dann werden sie Eltern sein«,
meinte Stummel nachdenklich.
Murmel freute sich auf eine neue Base oder einen neuen Vetter.
»Du wirst staunen, wie sie spielen
und wie schnell sie größer werden!«
»He, ihr zwei Faulpelze!«, rief eine Stimme.
Es war Murmels Mutter.
»Helft mit!«
Sie verschwand in einer Höhle.

Bald darauf kamen aus dem Eingang Steine,
zertretenes Heu und Erdkrümel geflogen.
»Sie räumt auf!«, sagte Murmel.
»Was?«
»Unsere Winterwohnung.«
Stummel dachte an den Igel.
Also machten auch die Murmeltiere einen Winterschlaf.
»Suchst du dir keine eigene Wohnung?«
»Ich brauche noch keine Wohnung«, lachte Murmel.
»Erst wenn ich eine eigene Familie gründe.«
Stummel schwieg beschämt.
Seit ihn die Murmeltiere bei sich aufgenommen hatten,
erlebte er jeden Tag eine neue Überraschung.
Er hatte keine Ahnung, was das war, eine Familie.
Er erinnerte sich nur an seine Mutter.
Er wusste, dass er auch einen Vater, einen Bruder
und eine Schwester, vielleicht auch Vettern, Basen,
Tanten und Onkel besaß, aber er kannte sie nicht.
Hasen gingen ihren eigenen Weg.
Als die Sonne untergegangen war, zog sich Murmel
mit seinen Eltern in ein Versteck zurück.
»Ich bleibe lieber draußen«, sagte Stummel.

Stummels Traum

Stummel kroch aus einer engen Höhle ins Licht hinaus.
Es blendete ihn. Die Geröllhalde war mit Schnee bedeckt.
An ihrem Rande stand ein weißer Hase.
»Stummel!«, rief er.
»Ich komme!«, gab Stummel zurück.
Aber als er loslaufen wollte,
konnte er sich nicht vom Fleck rühren.
Der weiße Hase winkte.
Stummel versuchte, mit seinen Ohren zurückzuwinken.
Doch anstelle der Ohren besaß er nur zwei Läppchen.
Er war kein Hase mehr, sondern ein Murmeltier.
»Warte!«, rief er verzweifelt.
Der Boden hielt ihn fest.
Der weiße Hase drehte sich um und hoppelte davon.
Es war Stoppel.
Stummel schrie auf und erwachte.
»Du hast geträumt«, lachte Murmel und zog ihn an den Ohren.
Sie waren noch da.
Stummel bewegte sie nach allen Seiten.
»Lange Ohren, den Schwanz verloren!«, spottete Murmel.
»Lange Ohren, so geboren!«, sagte Stummel.
»Wer ist stärker, du oder ich?«, fragte Murmel.
»Das kommt darauf an!«, meinte Stummel.
»Lass uns einen Ringkampf machen!«, sagte Murmel.
»Nein, lieber einen Wettlauf!«
Aber dazu hatte Murmel keine Lust.
Er trollte sich davon.
Stummel schaute ihm nach.
Sie aßen die gleichen Kräuter und Beeren.
Sie hatten die gleichen Feinde, den Fuchs,
den Adler und die Jäger.
Und doch waren sie verschieden.
Murmel hatte ihn nie gefragt,
woher er komme und wohin er gehe.
Was außerhalb der Geröllhalde geschah, beschäftigte ihn nicht.

Murmel mochte Gesellschaft, er aber war lieber allein.
Er liebte die Dämmerung, den Mond und die Sterne,
Murmel den Tag, das Licht und die Sonne.
Sie stand hoch am Himmel über Stoppels Berg.
Stoppel hatte ihn im Traum gerufen.
Bevor er wieder einschlief, wusste er,
dass er sich von Murmel trennen musste.

Stummel am Ziel

Was war das?
Ein großer weißer Fleck im Schatten einer Felswand.
Stummel sprang darauf zu.
Schnee mitten im Sommer!
Die kühle Decke tat seinen wunden Pfoten gut.
Er war die ganze Nacht gelaufen.
Die Dunkelheit löste sich auf.
Stummel schaute ins Tal hinunter.
Die Behausungen der Menschen waren kleiner
als die Gräser vor seinen Augen.
Er sah die Waldgrenze. Er entdeckte die Alp,
auf der das kleine Mädchen Kühe hütete. Weiter oben
lag die Geröllhalde, die Murmels Zuhause war.
Sicher war er gerade dabei, aufzuwachen, sich zu recken
und zu strecken.
Die ersten Sonnenstrahlen schossen über den nahen
Berggipfel. Es war Stoppels Berg.
Am Rande des Schneefeldes leuchtete es rot von Alpenrosen,
Stoppels Lieblingsblumen.
Aber wo blieb Stoppel?
Weit und breit war kein einziger weißer Hase zu sehen.
Stummel lauschte in die große Stille hinein.
Noch nie hatte er sich so winzig und verloren gefühlt.
Als sich in seiner Nähe ein Steinbrocken löste,
schrak er zusammen.
»Stoppel, wo bist du?«, rief er.
»Stoppel, wo bist du?«, tönte es von den Felsen zurück.
Es war nur das Echo seiner eigenen Stimme.
Plötzlich erschien über einem nahen Felskopf ein Tier
mit zwei mächtigen Hörnern.
Stummel verschwand mit ein paar Sätzen zwischen
den Stauden der Alpenrosen.

Nun stand das Tier auf dem Felsen und ragte
in seiner ganzen Größe in den Himmel hinein.
Mit den verknorpelten Hörnern kämmte es sich
weiße Wolle aus dem Fell. Der Wind trug sie davon.
Stummel betrachtete das Tier voller Ehrfurcht.
Es erinnerte ihn an den Hirsch, dem er als Hasenkind
im Wald begegnet war und der ihm geholfen hatte,
die verlorene Richtung wiederzufinden.
Das Tier landete mit einem Sprung
neben Stummel auf der Erde.

»Was suchst du in meinem Reich?«
»Ich suche Stoppel«, sagte Stummel.
»Wer ist das?«
»Mein Freund! Ein Schneehase!«
Das Tier lachte.
Das Lachen kam tief aus seiner Kehle herauf.
»Ich will dich zu ihm führen. Du bist am Ziel!«

Stummel vermochte ihm kaum zu folgen.
Er staunte, wie behände das schwere Tier
über die Felsen kletterte.
Es blieb immer wieder stehen,
um auf Stummel zu warten.
»Wer bist du?«, fragte Stummel schüchtern.
»Ein Steinbock!«
Noch nie hatte Stummel ein so stolzes
und starkes Tier gesehen.
Und doch brauchte er es nicht zu fürchten.
»Hast du keine Feinde?«
»Doch«, sagte der Steinbock.
»Meine Feinde sind die Adler und die Jäger,
harte Winter und Lawinen.«
»Aber«, fuhr er nach einer Weile fort,
»ich habe keine Angst vor ihnen.«
Hinter einer Felskante kam ihnen eine Gesellschaft
anderer Steinböcke entgegen.
Sie grüßten mit ihren Hörnern.
Auf einem mit Gras bewachsenen Bord
weideten Steingeißen mit ihren Kitzen.
»Seid ihr keine Familie?«, fragte Stummel verwundert.
»Nein. Im Frühling trennen sich die Böcke von den Geißen
und ihren Jungen. Nur im Winter leben wir in einer Herde
zusammen.«
Der Steinbock lachte.
»Sind alle Hasen so neugierig wie du?«
Er zeigte auf eine Weide unterhalb des Felsens,
auf dem sie standen.
»Dort sind sie«, sagte er.
Es musste ein ganzes Rudel sein.
Vor Aufregung vergaß Stummel, sich zu bedanken,
und rannte los.
»Stoppel!«, rief er. »Stoppel!«
Er bekam keine Antwort.

Die Hasen umringten ihn.
Sie waren kleiner als Stummel
und hatten breitere Füße.
Ihr Fell war dichter, aber braun.
Stummel brachte kein Wort heraus.
Die Hasen rückten näher
und musterten ihn von allen Seiten.
»Ein Feldhase aus dem Unterland!«,
stellte eine Häsin fest.
Die Hasenkinder fingen an zu kichern.
»Ein Feldhase, ein Feldhase ...«
Ihre Mütter brachten sie zum Schweigen.
»Hast du dich verirrt?«, fragte ein Hasenmann.
»Nein«, stotterte Stummel.
»Ich suche die weißen Hasen.«
Die Kleinen begannen, mit den Ohren zu wackeln.
»Wir sind, was du suchst«, sagte die Häsin.
»Schneehasen!«
Stummel schaute sie ungläubig an.
Von ihrem Winterfell war nichts als ein weißer
Stummelschwanz übrig geblieben.
Plötzlich fingen alle an zu tanzen,
hüpften und drehten sich im Kreis herum.
Es war der Schneehasentanz.
In diesem Augenblick kam ein Hase keuchend
und außer Atem dahergesprungen.
Auch er trug das braune Sommerkleid.
Es war Stoppel.

Stoppelsberg

Stummel und Stoppel saßen auf dem Gipfel des Berges
und erwarteten die Sonne.
»Zum letzten Mal!«, sagte Stummel wehmütig.
In einer vom Wind geschützten Felsnische rastete
ein Zug von Schwalben.
Stoppels Sommerkleid hatte weiße Flecken bekommen.
»Es wird höchste Zeit, dass ich mich auf den Weg mache«,
sagte Stummel.
Es war lange her, seit der Steinbock ihn zu den Schneehasen
geführt hatte.
Stummel und Stoppel waren zusammen auf die Berge
geklettert, waren in Höhlen gekrochen und hatten die Mulde
entdeckt, in der schneeweiße Falter mit schwarzen und roten
Tupfen aus ihren Larven krochen. Sie waren den Gämsen
begegnet und vor dem Adler geflüchtet.
Von ihren Ausflügen waren sie immer wieder
zum Rudel zurückgekehrt.
»Wir Schneehasen brauchen einander!«, sagte Stoppel.
Stummel dachte an die Murmeltiere, an die Steinböcke,
an die Schwalben und auch an sich selbst.

»Es gibt verschiedene Arten zu leben«, sagte er leise.
»Schau dir die aufgehende Sonne an«, sagte Stoppel.
Stummel lachte.
»Es ist eine Kugel, keine Scheibe.«
Noch gab es Sommernahrung in Hülle und Fülle,
Kräuter und Gräser und Beeren.
»Iss dich satt!«, sagte Stoppel.
Am Abend machte sich Stummel auf den Weg.
Stoppel begleitete ihn ein Stück weit.
In der Ferne sahen sie das flache Land
und die sanften Hügelzüge.
Stummel zeigte auf eine bewaldete Kuppe.
»Das ist das Land, wo ich zu Hause bin«, sagte er.

Stoppel dachte an den Waldrand,
die Obstbäume, an die bunten Blätter,
an die grünen Wiesen, den Bauernhof…
Für ihn war es eine wunderbare Erinnerung.
»Bald wirst du meinen Berg wieder von weitem sehen«,
sagte er.
Stummel spürte seine Wehmut.
»Ja«, sagte er, »aber mit andern Augen.«
Stoppel schwieg.
»Nun hat der Berg einen Namen«, sagte Stummel,
als sie sich voneinander verabschiedeten.
»Was für einen?«, fragte Stoppel.
»Deinen!«, lachte Stummel.
»Stoppelsberg!«

Wieder zu Hause

Stummel lief vom Kirschbaum zur Eiche hinüber.
Er sprang den Acker entlang.
Er stand auf der Wiese unter dem Apfelbaum.
Es war alles noch da.
Nur die Scheune des Bauernhofes hatte ein neues Dach bekommen und glänzte in der Morgensonne.
Auf der Wiese weideten Kühe.
Auch sie waren wieder zurückgekehrt.
Stummel wunderte sich.
Seine Welt war kleiner geworden.
Oder täuschte er sich?
»Nicht der Waldrand, sondern ich habe mich verändert«, sagte er vor sich hin.
Vom Wipfel einer Tanne begrüßte die Amsel den Tag mit ihrem Lied. Aus dem Wald traten die Rehe.
Die Waldmaus war dabei, Vorräte für den Winter zu sammeln.
Wo blieb nur der Igel?

Für den Winterschlaf war es zu früh.
»Guten Tag, Stummel!«
Das Eichhörnchen saß auf einem Ast
und freute sich, Stummel wiederzusehen.
»Weißt du, wo der Igel sich herumtreibt?«,
fragte Stummel.
»Der Igel ist gestorben.«
Stummel starrte das Eichhörnchen an.
Er konnte noch nicht begreifen,
was es eben gesagt hatte.
»Er war alt und müde.«
»Auf Wiedersehen«, sagte Stummel.
Unter der Eiche blieb er eine Weile stehen.
Der Laubhaufen lag verlassen,
vom Wind verblasen.
Nie würde er dem Igel erzählen können,
was er alles erlebt hatte.
Er lief zu seinem alten Nest.
»Ich habe dich erwartet«, sagte eine Stimme.
Stummel staunte.
Aus dem Hasenkind mit der Schneeflocke
auf der Stirn war eine junge Häsin geworden,
groß und erwachsen wie Stummel.
»Ich habe dein Geheimnis gehütet.«
»Unser Geheimnis«, sagte Stummel.
Sie fingen zusammen an zu tanzen.
In der Ferne leuchtete der Stoppelsberg.
Stummel hatte die Grenze überwunden
und die Berge aus der Nähe gesehen.
Seine Sehnsucht war gestillt,
aber sie hatte eine neue geweckt.

Und auch sie machte ihn glücklich und traurig zugleich.

Die Geschichte der STUMMEL-Geschichten

Mitte der 1980er Jahre hat Max Bolliger den Plan, Gutenachtgeschichten zu schreiben. Er weiß, dass Eltern bei dieser Textsorte betont »Sanftes« erwarten. Er weiß aber auch, dass er von guten und schwierigen Erfahrungen erzählen will, doch nicht im Stil von Fabeln. Die Tiere sollen sprechen, aber nach Möglichkeit nicht gegen ihre Natur handeln. Er studiert Zoologiebücher und ist erleichtert, zu lesen, dass Hasenmütter einerseits ihre Jungen umsorgen, sie andererseits aber aus dem Nest werfen, wenn sich neuer Nachwuchs ankündigt. Auch das Unterwegssein der Hasen in der Dämmerung ist ihm wichtig. Bolliger sinniert darüber in einer Zeit, da – im Zuge des kinderliterarischen Aufbruchs nach 1968 – Problembezogenheit und gesellschaftspolitische Inhalte einen hohen Stellenwert haben. Die verstärkte Aufmerksamkeit für Kindermedien interessiert ihn wohl, doch ihn beschäftigen entwicklungs- und individualpsychologische Fragen. Als Autor, der nach der Lehrausbildung noch Heilpädagogik und Psychologie studierte, ist er hier in seinem Element.

Immer wieder bespricht sich Bolliger mit Verena Billeter-Guggenbühl, seiner früheren Kollegin bei der Fernsehsendung »Spielhaus« und Redaktorin für Kindersendungen im Radio Studio Zürich, mit der er wiederholt Sendereihen für Kinder gestaltet hat. Sie übersetzt später die Stummel-Geschichten in Zürcher Mundart und spricht sie für Radio DRS. Sie erinnert sich an Bolligers Anliegen, dass »Neugierde und Schrecken, Freude und Tod, Angst und Vertrauen in den Geschichten präsent sind«. Kurzum: das ganze Leben, ernst in der Sache, verständlich in der Form.

Stummel erscheint 1986 im AT-Verlag. Eigentlich will Bolliger, den viele Verlage um Texte bitten, sein Werk nicht weiter streuen. Aber der Lektor Marcel Pfändler hat in St. Gallen Bolligers ersten Gedichtband verlegt und den Autor auch ermuntert, für Kinder zu schreiben. Pfändler betreut nun in Aarau eine Reihe mit Kindergeschichten. Bolliger bringt die gelernte Textildesignerin und Modezeichnerin Sita Jucker (1921–2003) ins Spiel. Sie illustriert seit über zwanzig Jahren, darunter auch Texte von ihm. Anfänglich ist nicht von mehreren Bänden die Rede. Aber der Erfolg zeichnet sich rasch ab, so dass *Stummel im Winter* (1987) erscheint und *Stummel unterwegs* (1988) folgt.

Sita Jucker inszeniert die Atmosphären mit reich schattierten, oft ins Ornamentale übergehenden Aquarellflächen, deren betonte Unschärfen ihr erlauben, zoologische Vorgaben und fiktionale Erfordernisse im gleichen Bildraum zu verbinden. Mehr als alle späteren Künstlerinnen zeigt sie Zwielicht und Nachtstunden.

1999 erscheinen alle drei Bücher erstmals in einem Band; neu illustriert von Verena Pavoni (Sauerländer Verlag). In ihren lavierten Zeichnungen greift sie mehr als ihre Kolleginnen Details der Menschenwelt auf. Sie spielt souverän mit der Weichheit des leichten Pinselstrichs und der Präzision der feinen Linien. Ganz anders geht Anna Luchs an die gleiche Aufgabe heran: In der kleinen Auswahl von Stummel-Texten (SJW-Heft, 2014) zeigt sie die Hasen in Kleidern.

Und jetzt liegen neu die Illustrationen von Kathrin Schärer vor. Sie kannte Bolliger allein von seinen Bilderbuchtexten und war begeistert, zu entdecken, wie die Stummel-Geschichten mit Ablösung und Selbstfindung eine Art Entwicklungsroman bilden. So reduziert Schärer die Kulissen und verdichtet äußeres und inneres Geschehen in Gestik und Mimik der Tiere. Und sie sagt: »Besonders fasziniert mich, wie Bolliger von der ganz grossen Liebe erzählt. Deshalb lasse ich bei der letzten Umarmung von Stummel und Stoppel Ahornsamen durch die Luft fliegen, die dann beim Tanz mit der jungen Häsin melancholisch vorbeiziehen.«

Max Bolliger ist mit vielen großen Preisen und auch mit der Ehrendoktorwürde der Universität Zürich ausgezeichnet worden; mal wurde die lyrisch raffinierte Einfachheit seines Stils, mal die Psychologie seiner Figuren, mal seine neue Auffassung alter Erzählstoffe gelobt. Das bedeutete ihm viel, aber ebenso liebte er den Austausch mit Illustrierenden. Er war im Entstehungsprozess zwar für eine klare Funktionsteilung zwischen Wort und Bild. Aber er war auch immer gespannt, welche Handlungsmomente die Illustrierenden aufgriffen, und was sie zusätzlich einbrachten.

Auffallend an seinem breitgefächerten Werk ist, dass die Illustrationen meist von Künstlerinnen und Künstlern stammen, die auch unabhängig von seinen Texten vielbeachtete Bücher gestalteten. 32 Jahre nach Erscheinen liegt *Stummel* in der vierten Bildfassung vor. Das erleben sonst vor allem Märchentexte, und das belegt die Bedeutung und Beliebtheit des jungen Vorleseklassikers.

Hans ten Doornkaat

Max Bolliger

geboren 1929 in Schwanden GL, war Grundschullehrer und Heilpädagoge. Zudem war er maßgeblich beteiligt an den frühen Kindersendungen des Schweizer Fernsehens. Später lehrte er Jugendliteratur am Primarlehrerseminar Zürich.
Seit den fünfziger Jahren schrieb er Gedichte und Erzählungen für Erwachsene und wurde später zu einem der erfolgreichsten Kinderbuchautoren der Schweiz. Er wurde unter anderem mit dem Deutschen Jugendliteraturpreis ausgezeichnet, und die Theologische Fakultät der Universität Zürich verlieh ihm den Ehrendoktor.
Max Bolliger starb 2013 in Weesen.

Kathrin Schärer

geboren 1969 in Basel, studierte Zeichen- und Werklehrerin an der Hochschule für Gestaltung Basel. Sie unterrichtet an einer Sprachheilschule und arbeitet als Illustratorin. Wiederholt hat sie eigene Texte illustriert und in langjähriger Zusammenarbeit und mit großem Erfolg Geschichten von Lorenz Pauli.
Für ihr Gesamtwerk war Kathrin Schärer für den Hans-Christian-Andersen-Preis 2012 und für den Astrid Lindgren Award 2014 nominiert. 2011 erhielt sie den Schweizer Kinder- und Jugendmedienpreis für ihr Bilderbuch *Johanna im Zug*, und 2017, zusammen Lorenz Pauli, für die Geschichtensammlung *Rigo und Rosa*.
www.kathrinschaerer.ch

Max Bolliger (Text) / Kathrin Schärer (Bilder):
Stummel. Ein Hasenkind wird groß.
Gutenachtgeschichten für Kinder und ihre Eltern.

www.atlantisverlag.ch

Textrechte Max Bolliger:
Nachlassverwaltung Robert Fuchs und Anke Hees.

Der vorliegende Text folgt der ersten Gesamtausgabe im Sauerländer Verlag. Die Lektorin Paula Peretti legte Max Bolliger ihre Redaktionsvorschläge vor, und er nutzte seinerseits die Gelegenheit, kleine sprachliche Änderungen vorzunehmen. Textliche Abweichungen zwischen der Originalausgabe in 3 Einzelbänden und der Ausgabe von 1999 entsprechen somit der Absicht des Autors. Die vorliegende Textfassung wurde der heutigen Rechtschreibung angepasst.

Bibliografische Information der DNB
Die Deutsche Nationalbibliothek verzeichnet diese Publikation in der Deutschen Nationalbibliografie; detaillierte bibliografische Daten sind im Internet abrufbar über http://dnb.de

Typografie: Manuel Süess, Zürich
Litho: Photolitho, Gossau-Zürich
ISBN 978-3-7152-0743-8
4. Auflage 2023